Alexa Moreno. Singular y extraordinaria

Primera edición: noviembre, 2022

D. R. © 2022, Alexa Moreno

D. R. © 2022, derechos de edición mundiales en lengua castellana:
Penguin Random House Grupo Editorial, S. A. de C. V.
Blvd. Miguel de Cervantes Saavedra núm. 301, 1er piso,
Colonia Granada, alcaldía Miguel Hidalgo,
C. P. 11520, Ciudad de México

penguinlibros.com

D. R. © 2022, Nicole Ochoa (@nic_ochoa_), por las ilustraciones de interiores y portada
Diseño y maquetación: VIBO CREANDO

ISBN: 978-607-382-127-8

Impreso en México – *Printed in Mexico*

ALEXA MORENO

Singular y extraordinaria

ALFAGUARA

¡Holaaa!

Todo siempre inicia con un gran sueño que vemos ahí a lo lejos y pensamos que es inalcanzable… A veces se lo dejamos a la casualidad o, si somos más arriesgados, damos un pequeño paso en un momento muy particular y años después ya estás haciendo algo que amas, con millones de ojos mirándote, aunque tiempo atrás ni siquiera te imaginabas que tu vida podría ser así. Bueno, pues más o menos yo soy esa persona, detrás de lo que se diga o se suponga.

Si este libro llamó tu atención al grado de decidir tenerlo contigo, entonces nos llevaremos muy bien, en este momento puedo decir que tienes buen ojo y seguro eres agradable, je, je, je. Bueno, fuera de bromas: gracias por acompañarme a través de estas páginas. Nos vamos a divertir, compartiremos puntos de vista, te contaré unas cuantas anécdotas, unas más divertidas que otras, pero hay de todo en esta vida; podré platicar contigo sobre algunas cosas que me llaman la atención, cómo he vivido otras, cuáles me emocionan, qué expectativas tengo del mundo y de qué forma espero llenarme de energía y ánimo para seguir en esta competencia llamada "ya estamos aquí, podemos hacerlo un poquito mejor".

Hay muchos temas que desde hace tiempo he tenido ganas de poner en palabras mientras escucho una canción: pensamientos que dan vueltas en mi cabeza y si no los saco pueden extinguirse, planes a futuro que podrían suceder o no, pero siempre es interesante decírselos a alguien más, y qué mejor que hacerlo mediante un libro. ¿Te acuerdas de las libretas que hace muuucho, mucho tiempo tú y tus amigos rayaban en la escuela y se pasaban entre todos dejando ahí sus gustos, pensamientos y un poco de su esencia? Pues esto es algo parecido, un lugar donde dejar un poco de lo que somos y hemos sido hasta el día de hoy.

No me gusta sólo hablar y hablar, sino también escuchar y, bueno, por ser un libro impreso quizá sea un poquito difícil que te escuche como podría suceder si nos viéramos frente a frente, pero se me ocurre que si, como a mí, a veces te gana la pena y eres introvertido, la tinta puede ser tu mejor aliada, todo lo que quieras compartir conmigo hazlo a través de estas páginas: escribe en ellas, dibuja, raya, tacha, haz anotaciones de todo tipo, toma el volante de este viaje, a mí puedes dejarme la música, ya tengo varias playlists adecuadas para nuestro recorrido.

Primer *fun fact*: uno de mis hobbies es hacer listas de canciones para toda ocasión XD...

Alexa

ÍNDICE

CAPÍTULO 1

¡HOLA, SOY ALEXA!, ¿Y TÚ?

Como sabrás, o estás por descubrir, soy Alexa Moreno, gimnasta mexicana. He representado a mi país en diversas competencias en varios lugares en el extranjero y muchas personas me conocen por eso, aunque mi vida va más allá del gimnasio y la carrera deportiva. Nací y crecí en Mexicali, Baja California, una ciudad desértica en la frontera norte del país a la que me gusta llamar "la olla exprés", cuyo clima es muy extremo pero sus ciudadanos suelen ser gente cálida y agradable. No comprendo muy bien el porqué, pero ahí convergen personas de muchas partes del planeta, y entre eso y que me dedico al deporte desde pequeña, he conocido y aprendido a ver el mundo de diversas maneras, a través de los ojos de profesores, familia, entrenadores, maestros, compañeros y amigos que se han sumado a mi vida.

A manera de presentación, y dado que soy deportista, quiero comenzar contándote uno de los grandes mitos que giran alrededor de muchos atletas: somos hiperactivos y tenemos energía de sobra desde bebés. Este mito ¡casi es una ley!, o lo fue en mi infancia. Yo llegué a la gimnasia precisamente porque era una niña traviesa, pero muy, muuuy traviesa y ocurrente, y una manera eficiente de canalizar toda esa energía, según mis padres, sería el deporte. Mi papá pensó que podrían inscribirme a ballet, y mi mamá, que era testigo de mis travesuras y de mis hazañas extremas para una

bebé de dos años, como trepar por el tubo de arriba de los columpios en lugar de balancearme en ellos, pensó que la gimnasia sería más lo mío y me cansaría lo suficiente: correr, dar saltitos, marometas, sacar mi hiperactividad así. **De esta manera, poco antes de los tres años empecé a dedicarme a la disciplina que he practicado hasta ahora y que ha formado gran parte de lo que he llegado a ser.**

Habrá muchos niños a los que les guste el mero hecho de salir de su casa y hacer alguna actividad con otros niños, que esperen esa parte del día en la que sólo van a jugar, pero no fue así para mí siempre. Al principio, al parecer, me disgustaba alejarme de mis padres, no me gustaba que me dejaran en un lugar con puros desconocidos. ¿Te acuerdas de los niños que lloran en la puerta del kínder cuando ven que sus mamás los dejan?, mmm, digamos que fui esa niña. Pero luego, a los pocos minutos, era la más feliz corriendo y saltando por doquier. Hasta hacía caso a mis maestras. Había otros días en los que ya no tenía muchas ganas de seguir yendo, mi mamá me decía que debía esperar al final de trimestre para dejarlo. Al término de ese periodo decidía volver a intentarlo, como un ciclo extraño, hasta que me acostumbré a la rutina y mi interés por la gimnasia creció cada vez más. Una cosa es ver a todos los pequeños de tu nivel cada clase en un pequeño espacio y otra es salir al área donde los mayores están haciendo saltos muy locos e impresionantes. Ahí es donde el deseo por hacer más y retarte a ti mismo nace, o al menos ése fue mi caso. Como un "oh, ¿eso se puede hacer?, ¿podría yo hacerlo también?, ¿cómo se sentirá?, si lo hago yo, ¿se verá igual de padre?". Obviamente la parte competitiva que existía en mí alimentó muchos de esos pensamientos que me impulsaron a querer llegar más alto. Y así, inició una nueva historia.

Pero vayamos poco a poco, ya llegaremos a eso, por lo pronto no quiero dar *spoilers*. Hay otro aspecto importantísimo en mi vida que me marcó profundamente y me dio muchos momentos de felicidad, y ése fue el escultismo. Y aquí viene una frase cargada de verdad: una vez scout, siempre scout. Es algo que permanece en ti para siempre. Mi aventura con los scouts comenzó antes que la gimnasia, mucho antes, digamos que ni siquiera había nacido, ja, ja, ja, porque mi mamá estaba embarazada de mí cuando iba a los campamentos, ella se inició siendo adolescente, yo comencé formalmente poquito antes de los seis años y terminé a los veintidós. La vida scout es algo que llevamos en la familia, gracias al movimiento nosotros hemos pasado por grandes experiencias juntos y tenemos mucho en común. Es uno de los gustos que nos unen.

Ir a los scouts era muy divertido, conocía personas diferentes a las que veía toda la semana, había juegos con mucha acción, aprendía datos muy interesantes de la naturaleza y supervivencia al aire libre, y había muchos retos nuevos a vencer. Me gustaba el hecho de poder ganar diversas insignias, alimentaba la competencia que tenía conmigo misma. Conforme creces vas adquiriendo nuevas habilidades y los desafíos y responsabilidades también se hacen más grandes, así que nunca me aburrí. Sin duda ser scout es algo que ayudó mucho a mi desarrollo personal. ¡Lo pasé genial! Sin duda fue una infancia agitada, entre ir a la escuela por la mañana, entrenar por las tardes, hacer tareas en las noches o, cuando se pudiera, ir con los scouts los fines de semana y salir de campamento, ufff... pero, aunque llegó a ser cansado, no lo cambiaría por nada.

Creo que vivir la infancia y la juventud así me ayudó a generar competencias sanas, pero manteniendo en alto el sentido de perseverancia. En los campamentos buscábamos estar entre los ganadores cuando teníamos que armar un área de acampado cool, y si no lo lográbamos, aprendíamos de los otros para tratar

de vencer la siguiente ocasión e intentábamos llevar una construcción más elaborada para no quedarnos atrás. Si ya había aprendido a hacer cierto número de nudos, preguntaba por los de destreza y me adelantaba a hacerlos; también me gustaba avanzar rápidamente, así que, si había cumplido con una destreza, en breve buscaba aprender la siguiente. Siempre he disfrutado investigando más a fondo sobre un tema en el que he comenzado a trabajar, y si además me daban una insignia por aprender, era más motivante. Ser scout me preparó en muchos sentidos y me ayudó a complementar aspectos de mi personalidad que hasta hoy conservo, como la tenacidad y la solidaridad. Ojalá hubiera podido duplicarme e ir a campamentos y entrenamientos al mismo tiempo, pero a veces sólo podía ir a la mitad de uno y andar a las carreras con otro; en la última etapa como scout, el clan, tuve que priorizar muchas más veces mi preparación como gimnasta de alto nivel y, por ende, me perdí de varios campamentos internacionales. Pero así es la vida, unas por otras.

Durante la infancia también llegaron a mí por contagio y por contacto el anime y la cultura oriental. Mi mamá era fan de algunas caricaturas como *Dragon Ball*, y nos dejaba verlas, aunque ahora hay gente diciendo que nooo, de ninguna manera va a permitir que sus hijos vean esa programación de tele abierta que no les va a dejar nada bueno. En mi caso sí lo fue porque lo que veía no sólo me entretenía, al llamarme así la atención las caricaturas generaban mucha curiosidad en mí, las historias se me hacían distintas y desde chiquita me sentí identificada con esos personajes y sus aventuras. Ahora no me imagino mi personalidad tan inquieta sin la influencia de *Sakura Card Captor*, por ejemplo, o sin las recomendaciones de mis primas mientras crecíamos, que siempre me terminaban enganchando. La primera vez que fui a Japón estaba fascinada y viví esa experiencia de forma distinta, con mucho entusiasmo a pesar de que iba por el deporte y debía concentrarme en ello, pero estaba tan enamorada de la cultura oriental que estar ahí fue inolvidable.

También por contexto le tomé el gusto a dibujar. Mi papá es arquitecto, mi mamá estudió Diseño Industrial y estaba muy metida en el arte y sus manifestaciones, así que fue cuestión de tiempo que yo también, de una forma u otra, tuviera que ver con el mundo de la creatividad. Sólo que en mí se da de manera un poquito distinta: estudié Arquitectura (luego hablaré más de esto, eh, no creas que se me olvida que es importante) aunque por el momento no me veo diseñando a partir de la carrera y sus conceptos, más bien, creo que soy supercreativa experimentando con nuevas ideas, agregando detalles que le dan a cada cosa mi visión particular. Hubo una época en que me apasioné con la repostería, otro momento con el dibujo y sólo estaba satisfecha si podía hacerlo dándome el mayor tiempo posible; siento que la creación artística y la imaginación se equilibran perfectamente con mis actividades físicas, que requieren mucha adrenalina y movimiento.

Entonces, hablando de equilibrio, todo en mí funciona como el yin yang: fuera del gimnasio soy un poco introvertida y me cuesta relacionarme con otras personas así de la nada, pero una vez que me siento en confianza y me decido a romper el hielo, me comporto diferente, con mayor libertad. Generalmente prefiero escuchar, analizar y mantener un perfil bajo hasta que veo la necesidad de intervenir o tengo alguna idea que de verdad quiero expresar sobre el tema. Esto te lo cuento porque muchas personas encasillan a otras de acuerdo con lo que hacen: ah, eres atleta, tienes mucha energía, debes ser superextrovertido e ir de aquí para allá todo el tiempo; y no necesariamente, algunos somos un poquito (o muuuy) celosos de nuestro espacio, tiempo y momentos de soledad.

Imagínate que estás solo en otro país (porque muchos a veces viajamos totalmente solos, si acaso con el entrenador y ya) y sientes la presión de hablar con los otros nada más porque sí: "uhmm, hola, hace un poco de frío, ¿no? ¿Qué tal el salto? Están bien los colchones, ¿a qué hora compites?, uhmm, bueno, ¡éxito! Bye". Suena incómodo, ¿no crees? Pues sí que lo es, y más si la otra persona no colabora demasiado. Además, los gimnastas solemos ser introvertidos hasta cierto punto y no todos hablamos el mismo idioma, por lo tanto, a veces el ambiente se pone un poco raro. Tratas de hacer alguna conexión amistosa forzada sólo por no ser descortés, pero... ¡no es sencillo para todos! Mi personalidad (y la tuya, amigo lector) no tendría que ajustarse a esos supuestos, ¡para nada!, cada quien decide cuáles son sus dinámicas de convivencia.

Creo que siempre debería haber respeto y cortesía como mínimo, y si le agregas un poco de amabilidad sería el entorno perfecto para existir. Sin embargo, nada de eso implica que deba ser una persona sociable todo el tiempo y con todo el mundo. Ah, pero eso no significa que no haga amigos cuando salgo a competencias. En realidad, el mundo de la gimnasia no es taaan grande como parece, podemos ver las mismas caras en distintas competencias a lo largo de los años y esto te lleva a sentirte más en confianza y a percibir un ambiente de compañerismo.

Algo muy curioso es que mis amistades más largas las hice fuera del salón de clases. Conocí a mis amigas del gimnasio siendo muy chica, a los cinco o seis años, y después, cuando estábamos más enfocadas en la gimnasia e íbamos a competencias, la amistad se convirtió en una larga aventura de viajes. ¿A ti también te pasa eso?, ¿tienes amigos con quienes te llevas increíble porque les gusta lo mismo fuera de la escuela? (si alguno se te viene a la mente, justo ahora escribe su nombre en los márgenes). Ese tipo de relación me encanta, yo las veía en una actividad que me gustaba y hablábamos de lo que nos hacía felices, nuestros gustos y aficiones eran nuestro deporte, nada que ver con clases de la escuela; las pijamadas eran con ellas, también los viajes a competencias, las comidas y fiestas. Al día de hoy seguimos en contacto, unas se dedicaron a profesiones totalmente distintas, y yo sigo aquí, dando maromas, pero me encanta saber que dimos nuestros primeros pasos juntas y que compartimos tantos recuerdos de nuestra infancia.

Como habrás visto, soy un collage de mil aspectos. Siempre he estado enfocada en la gimnasia, pero también en convivir con mis amigos scouts, estar con mi familia, ir a la escuela, hacer tareas, desarrollarme como cualquier otra persona con el plus de que mis tardes libres las pasaba en el gimnasio; incluso la vida de mis dos hermanos menores ha estado superimpregnada de gimnasia porque desde chiquitos iban con nosotros a las competencias, estaban horas y horas esperando a que terminara, escuchando la misma musiquita todo el día, tomando siestas en las gradas, incluso uno de ellos hizo gimnasia un corto tiempo.

Y bueno, en esta historia llamada "todas las cosas que he hecho y las que aún me faltan por hacer", no iba a dejar de lado ese momento de iluminación cuando dije: **¡quiero dedicar mi vida a la gimnasia!** Espera, no fue taaan así, más bien aquello tiene sus matices. Como toda niña que practica un deporte, sabía que estaba haciendo algo que me gustaba, además, nunca descuidé mis estudios, que eran la prioridad. A diferencia de muchos atletas que dejan todo de lado para dedicarse exclusivamente a entrenar, yo tuve una vida normal que incluía el deporte, pero con las mismas dinámicas de cualquier adolescente: tareas escolares, obligaciones en casa, así que decidir dedicarme a esto fue algo paulatino, pero tengo un recuerdo superbonito que me encantaría compartir.

Al vivir en frontera, todo el tiempo íbamos a Estados Unidos, casi siempre a California, Arizona y Texas, que están relativamente cerca, y mientras más me enfocaba en la gimnasia, esos viajes más tenían que ver con los deportes. Ahí todo mundo practica algo, así que para nosotros era lo más natural del mundo ir a ver e incluso competir, porque la gimnasia ahí es totalmente distinta, tanto en estilo como en preparación. Yo era adolescente y se me quedó supergrabado en la memoria ver a Carly Patterson en el torneo Woga Classic, en Texas; ella sobresalió en las Olimpiadas de Atenas en 2004 y estar con ella ahí era casi un sueño porque conocía su carrera y la admiraba mucho, desde entonces deseaba ser igual de buena. Entonces el sueño se convirtió en una realidad increíble para mí: de entre tantas niñas que competían, también con una superpreparación, yo gané en salto. Ese momento tan maravilloso sólo pudo mejorar porque Carly era quien otorgaba las medallas, imagínate cómo me sentí al ser premiada por una de mis primeras ídolas del deporte.

También me inspiraba mucho el trabajo de Andreea Răducan, veía en ella y en Carly disciplina, técnica y muchas cualidades que deben conjugarse para ser la mejor. Mi primera competencia mundial fue en 2010 y estoy segura de que a partir de ahí vi la gimnasia con otros ojos y me relacioné con ella de formas distintas: le puse cuerpo y dimensión a personas a quienes sólo había visto en videos o nada más me sonaban sus nombres, descubrí la adrenalina de un momento que puede cambiarte la vida, y dejé de ver todo desde afuera porque ya formaba parte de ese universo tan internacional.

Y como dije al principio, me dedico a esto, pero no significa que sea el centro de mi universo. Llevo la gimnasia de forma supersana porque tampoco me clavo en ella al grado de perder la cabeza viendo competencias todo el día, y es irónico porque estoy en el gimnasio la mayor parte del tiempo, practico muchas horas, pero después descanso la mente y el cuerpo; esto me gusta tanto que no lo he convertido en una obsesión, más bien le doy la importancia que debe tener en sus momentos y espacios. Es padre cuando también, además de tu carrera principal, tienes otros intereses.

¡Se nos han ido las páginas, el tiempo, mis discursos! Pero siento que es un buen inicio para romper el hielo (yo, la que dijo que era penosa y no le gustaba acaparar la atención). Significa que he cumplido con mi principal objetivo: presentarme ante ti tal cual soy, sin filtros, sin suposiciones, sin nada que no salga de mi corazón. Últimamente he tenido tiempo para reflexionar acerca de esto: qué me gusta, qué considero que me hace única, qué me llama la atención y me hace sentir bien, y pienso que mi historia de vida está construida de momentos, personas y lugares que han significado mucho, aunque yo misma haya evolucionado. De una forma u otra seguimos siendo los niños soñadores y traviesos que nuestros papás cuidaban; yo conservo en mi interior a la niña inquieta que se subía al travesaño de los columpios, a la scout que se esfor-

zaba por hacer la mejor casa de campaña y a la niña que se emocionó viendo a una de las mejores gimnastas del mundo y luego recibió una medalla de manos de ella.

¿Recuerdas lo que eras hace mucho?, porque si es así, te aseguro que verás con ojos de amor y fascinación lo que eres hoy.

¡INICIAMOS EL VIAJE!

Comenzaremos con algunas canciones que siento que me representan de diversas maneras.

ACTIVIDAD 1:

De vuelta al pasado y un salto al futuro.

Recuerdo detalles muy específicos de mi vida, de hace muuuchos años, porque hay varios gustos que aún conservo de esa época tan lejana y otros que ya no. ¿Tú cómo vas con el ejercicio de la memoria? Llena estos espacios con todo lo que recuerdes y aquello que es esencial al día de hoy, ¿conservas muchos gustos?, ¿sientes que has cambiado radicalmente?

Soñaba:
· Ir a unos Juegos Olímpicos
· Ser veterinaria
· Ser campeona olímpica
· Visitar lugares muy lejanos

Hoy sueño:
· Con vivir un tiempo en otro país
· Tener mi propio gimnasio
· Encontrar un trabajo que me guste y me divierta
· Tener muchos momentos de felicidad en mi vida

Hacía:
· Jugar en el patio
· Explorar y acampar
· Hornear postres
· Hacer mis tareas y estudiar
· Entrenar

Hago:
· Leer
· Ver anime y series
· Entrenar
· Viajar
· Ir a conciertos

Me gustaba:
· Jugar con las muñecas y a la casita
· Ver caricaturas
· Dibujar y pintar
· Las novelas infantiles
· Andar en bici
· Los perros

Me gusta:
· La música
· Hacer gimnasia
· Dibujar y escribir
· Aprender otros idiomas
· Hacer actividades al aire libre

¡Ahora es tu turno!

Soñaba:

Hoy sueño:

_____

_____

Hacía:

Hago:

_____

_____

Me gustaba:

Me gusta:

CAPÍTULO 2

TODO INICIA CON UN SUEÑO

Tal como acabas de leer, pienso que quienes vivimos el día a día concentrados en un plan a corto, mediano o largo plazo sabemos hacía dónde van nuestros pasos porque se basan en algo que deseamos con mucha fuerza. Ya te conté ese momento revelador en el que una de mis estrellas de la gimnasia me motivó a seguir con mi carrera y echarle más ganas, sin embargo, hay otra anécdota que marcó mi forma de ver el mundo de manera general. Esto puede resultar muy curioso y estoy segura de que fue más o menos así: cuando iba en la primaria me emocionó mucho leer acerca de un personaje histórico que se apellidaba igual que yo, él era Pedro Moreno; le platiqué esto a mi papá y me dijo que era nuestro ancestro. ¡Wooow!, me quedé con la boca abierta, no sabía si era totalmente cierto, pero esto me impactó al darme cuenta de lo importante que es trascender, que tu existencia no pase desapercibida por algo que hiciste, que tu vida no se olvide y tenga significado para otras personas... Todo eso daba vueltas en mi mente y tuvo relevancia tiempo después.

Digamos que no se trata del ego de pasar a los libros de Historia (aunque sería muy padre, ¿no?), sino de ser tan bueno en algo que las demás personas te recuerden de una manera positiva, con admiración, respeto o simplemente con alegría, y después lo hagan distintas generaciones. De una forma u otra, cuando hallé mi

gusto, lo combiné con disciplina y me fijé un propósito deportivo, y aquel deslumbramiento infantil también tomó forma. Fue como decirme: quiero hacer algo para que la gente sepa que existí. Lo tengo presente desde ese día en la escuela primaria, yo hago gimnasia y me he dado a conocer por eso, pero la competitividad está tan arraigada en mí que sería del mismo modo si me dedicara a algo más. He querido estar entre los mejores y ganar, principalmente retarme a mí misma, tener la satisfacción conmigo de que estoy haciendo algo que me apasiona y en ese momento sólo soy yo frente a mi reto. Con el tiempo y varias experiencias mi pensamiento ha evolucionado, pero al inicio fue así y me gusta que ese entusiasmo infantil todavía me acompañe.

Siempre es difícil creértela y asumir que podrías conseguir ser de los mejores del mundo (en lo que sea, deportes, música, tecnología, actuación) porque podrían tacharte de soberbio, pero viendo el lado positivo, precisamente ésa es la herramienta para catapultarte en muchos sentidos; en mi caso, **mi propósito estaba en ir a los Juegos Olímpicos porque sabía que ahí estaría con los mejores del planeta,** y si no empezaba a creer en mí y en mi potencial para tomar acción y llegar, no lo hubiera logrado. También podemos equilibrar cada detalle para que el camino sea más sano, ¿no crees?

Mi pensamiento cambió poco a poco, evolucionó, aunque el compromiso con el deporte fue súbito una vez que llegué a competencias mundiales; uno de mis grandes retos es mantenerme enfocada en lo que está a mi alcance, sé que puedo hacerlo mejor si me concentro en lo que veo en mí más que en lo que pueden ofrecer los demás como contrincantes. Ahora lo menciono porque seguramente es así en lo que sea que cada uno de nosotros haga: quizá te guste mucho el arte, pero tu mayor fortaleza no está en pintar, sino en la ilustración digital, que es igual de interesante y conlleva todo tipo de retos; nuestros amigos son buenos en unas disciplinas, nosotros en otras. Creo que a veces nos exigimos de más porque no estamos listos para identificar en qué somos buenos, pero siempre se puede hacer un pequeño ejercicio de humildad. La soberbia va a aparecer sólo si se lo permitimos y le damos demasiada importancia al ego.

Al inicio te platicaba que todo parte de un sueño, tenemos ese deseo en mente y hacemos cuanto está a nuestro alcance para llegar a él: levantarnos temprano, entrenar, dejar de ir a paseos con nuestros amigos con tal de seguir preparándonos, estudiar, etcétera, eso pertenece a las listas de lo que tenemos bajo control, y hay otros aspectos que quizá no podemos dominar como nos gustaría, y son el estrés y el miedo. ¡Qué terror! Pero hay estrategias para hacerles frente, al menos es lo que yo he intentado estos últimos años. En cada competencia, grande, pequeña, local, mundial, me estreso porque sólo soy yo en un momento que no se repetirá, y mi estrategia es simplemente hacerlo. Respiro profundo y voy. Si me siento físicamente bien y con las condiciones óptimas, sé que todo saldrá bien.

Trabajo mucho en esta parte mental que va unida a la parte física. Tengo muy claro que se trata de confiar en mí, en que ya sé cómo hacerlo porque lo he practicado mil veces; es autoconvencerse y repetirse que todo va a salir bien. Si el salto de calentamiento sale como yo esperaba, eso me da más seguridad. Lo pienso como pequeñas estrategias para dominar el miedo y no al revés, y te lo comparto porque sé que es aplicable a lo que sea: exámenes, bailes, trabajo, cualquier actividad. Por ejemplo, en competencias me da mucho miedo saltar y no contar con un factor, como la ayuda de mi entrenador, eso me bloquea, es como un tope que puede jugar en mi contra totalmente, pero estando en la competencia no hay de otra, vas por todo.

Yo trato de enfocarme justo en lo que tengo que hacer y sólo presto atención a lo que va a darme seguridad. Por ejemplo, si hay un elemento que de repente no domino lo repito hasta estar más segura con él. Me esfuerzo mucho por mantener la cabeza lo más fría posible. Tuve una competencia en el 2015 que era muy importante, una clasificatoria para el preolímpico donde varias compañeras del equipo estaban lesionadas,

el ambiente estaba tenso y por eso sentíamos que nada nos daba el ánimo que necesitábamos, el equipo estaba nervioso y, a pesar de que las condiciones no fueron las ideales, lo hicimos lo mejor que pudimos, yo di todo de mí y el resultado fue bueno.

Mientras más te enfoques en tu actividad, más dificultades vas a hallar, eso puede decírtelo cualquiera, pero seguramente también te harás de una estrategia para dominar lo que no depende al cien de ti. Yo antes visualizaba mucho mi rutina, trataba de verme desde fuera e imaginar la sensación de cómo tendría que ser para ganar seguridad, esa táctica me funcionaba. Por ejemplo, la viga siempre me ponía nerviosa, ¡y a quién no!, sólo son diez centímetros que definen todo y hay que tenerle respeto, pero cuando cambié de elemento a uno que dominaba mejor fui ganando la seguridad que más tarde estuvo ahí para volver al elemento que me causaba nervios; también se trata de ajustarse lo mejor posible a lo que uno puede hacer bien y sin dudar tanto. Hay muchas metodologías para acostumbrarte y poco a poco ganar seguridad; en lo personal, me ayudaba saber que tenía apoyo cerca, si me caía me iban a cachar y no pasaba nada.

Tratar de alcanzar una meta y cumplir con los sueños también implica pequeños sacrificios o, más que sacrificios, yo los veo como esfuerzos necesarios. A diferencia de otros deportistas, cantantes o artistas en general, al principio no pensé que me fuera a dedicar al deporte. Viví mi infancia y adolescencia dividida en dos: la escuela y mi vida normal, por un lado, y la gimnasia por el otro. Mis papás no querían que dejara la escuela porque la carrera deportiva puede ser algo cruel en ciertos sentidos: la carrera es corta, te jubilas joven, aunque hayas pasado toda la vida practicando, ¿y qué sigue?, pues precisamente por eso me motivaron a continuar en clases con mi generación y llevar una vida como la de cualquiera. En la medida en que competía, me fui enfocando más en mi disciplina deportiva porque el tiempo y el calendario de eventos en gimnasia así me lo exigían, y eso estrechaba mis espacios para mantener mi vida de estudiante.

Una cosa fue llevando a la otra y dejé de ir a la escuela el semestre previo a Río de Janeiro, porque necesitaba reforzar mi clasificación y no podía tener materias pendientes que sólo pudiera tomar a la hora de los entrenamientos; después, mi doble vida se complicó un poquito, previo a Tokio ya se me habían acabado las chances de posponer materias y sí o sí tenía que terminar la carrera para no perder todo lo que había estudiado (¿te imaginas estudiar Arquitectura no en diez, sino en catorce semestres?). Siempre entrenaba por las tardes y noches de cinco a once, porque estudiaba en las mañanas y hacía las tareas en los huequitos de tiempo, si es que podía, y si no, yo veía cómo hacerle; era muy difícil compaginar universidad y entrenamiento porque ambos sucedían al mismo tiempo. Esto no lo cuento desde la parte de "lo que tuve que sacrificar para dedicarme a lo que amo", más bien fueron decisiones conscientes porque quise desempeñarme plenamente en los deportes y sacar una carrera, no es que haya sufrido mucho por dormir poquitas horas o no salir a divertirme, me esforcé en ambos campos y también obtuve recompensas en los dos.

El cambio más radical que experimenté perfilándome con un nuevo entrenamiento para los Juegos de Río fue cuando me fui a vivir de Mexicali a Tijuana en 2015, ya que necesitaba pasar más tiempo en preparación. Dejé familia, entrenador, amigos, todo para hacer doble sesión de entrenamientos, le bajé un poco a la escuela y me enfoqué en redireccionar mi rutina. Salí de la zona de confort, me moví de un entorno cómodo y empecé de cero y con más esfuerzo, pero el primer gran paso vino antes, al darme cuenta del lugar en el que estaba deportivamente y aceptar que ya no avanzaba como me habría gustado. Primero pasaría un periodo cortito en Tijuana, pero terminé quedándome ahí casi quince meses, veía a mi familia los fines de semana, entrenaba a tiempo completo y noté el cambio para bien.

También me di cuenta de qué ajustes me ayudaban a entrenar en serio, me concentré en tener la mente enfocada en eso, esforzarme más y trabajar en pulir mi técnica y los detalles. Había muchas cosas que hacía en mi programa de entrenamiento y otras que descubrí de manera diferente; aquellas ganancias fueron el resultado de un esfuerzo extra, además de la experiencia de vida que significó mudarme.

Desde pequeña tuve el apoyo de quienes me rodeaban, en casa, en el gimnasio y en otros entornos. Como comencé muy chiquita, la disciplina y el orden son parte de mi día a día, pero también pienso en la enorme responsabilidad que tienen las personas que nos guían como profesores en ese camino, ¿cómo consigues que un niño llegue a la meta sin despegar tanto los pies de la tierra? Ufff, sólo de pensarlo, me desespero. Para mí sería un reto asumir la guía, adaptarme a niños y niñas, sus procesos de aprendizaje, motivarlos, comprenderlos y hacerles saber que la gimnasia no es tan sencilla como podríamos imaginar, todo eso sin decir o hacer algo que rompa sus sueños. Cuando eres pequeño no eres tan consciente del movimiento, siempre trabajas por imitación, en la medida que creces ya tienes enfoque y razonas el proceso, te conoces, cuidas todo lo que haces y el trabajo del entrenador se concentra

en orientar más que en imponer, quizá por eso al crecer me enfoqué en detalles muy específicos, viví el deporte de otra manera.

Como en cualquier otra actividad, los buenos inicios son importantes, porque van a marcar la ruta de aprendizaje y esas experiencias quedarán en la memoria. Hay personas que tienen muchos traumas por el tipo de entrenamiento que llevaron y ahora se dan cuenta de que no son las mejores formas o las más correctas, y aunque son muy buenos enseñando, no quieren replicar ese modelo de enseñanza. Una piensa de cierta manera, tal y como aprendió; por ejemplo, yo me acostumbré a repetir mil veces, en distintas ocasiones lo hacía a pesar del cansancio y el dolor, pero con constancia, y al día de hoy a otros jóvenes que inician no les acomoda ese tipo de entrenamiento o quizás es porque su compromiso está en otro lado, por eso lo difícil de enseñar es que las dos partes logren adaptarse.

Repito: esos sacrificios en realidad son esfuerzos necesarios de ambas partes. Como entrenador tienes que luchar contra las inseguridades e incertidumbres de los alumnos, si de repente se les va la motivación tienes que ver cómo sacarlos de ahí, a la larga es cansado o las partes no hacen clic; también hay que aceptar que no todos los deportistas que comienzan tienen la misma pasión o la demuestran del mismo modo,

podría ser cuestión de tiempo y de conseguir pequeños pero significativos triunfos. Cada quien expresa sus deseos como puede y quiere, por eso la enseñanza de un deporte es tan compleja, principalmente si te preparas para algo más, como competencias nacionales e internacionales, donde cada pequeño cambio implica un reto sobre el que hay que tomar decisiones.

He pasado casi toda mi vida en entrenamientos, eso me encanta porque es parte fundamental de quien soy, aunque hay mucho que me gustaría repetir o hacer dentro y fuera de la gimnasia. En la parte "convencional" de mi vida, me encantaría repetir viajes con mis amigos, como un campamento que hicimos en Oaxaca, aquella vez todo salió absolutamente mal (aunque nos divertimos, no puedo negarlo): desde una casa de campaña mal puesta, quedar empapada y con frío al punto de la hipotermia, hasta pasar todo el viaje enferma. Y dentro de la gimnasia modificaría un poquiiito algunas participaciones, como mi primer mundial en Róterdam en el 2010. Aquella vez me fue muy mal, caí de cabeza en el primer entrenamiento, estaba supernerviosa porque aún no conocía a nadie.

Y como ésta, hay otras historias que podrían ser diferentes ahora que manejo mejor los nervios y mis emociones, pero siempre es padre volver la vista atrás para fijarse en esos detalles y pulirlos. En el 2011 fui a Tokio por primera vez y fue toda una experiencia, pero

por distraída, como sucede cuando estás nerviosa y naaadie te dice algunos detalles importantes, metí la pata. Yo no sabía que no puedes calentar adentro y no puedes tocar el aparato de competencia, entonces, como nadie me dijo, no calenté en el anexo y me fui directo al gimnasio de competencia. Yo era la primera en pasar, así que me di cuenta de mi error cuando el resto de las gimnastas dejaron la tarima. Y así me aventé mi primera final mundial, sin calentar.

Mis mundiales favoritos fueron el de China en 2014 y el de Stuttgart en 2019. El de Doha en 2018 fue tan pero taaan complicado, que así lo dejaría, sin moverle ni un poquito. **La verdad es que me gusta mucho competir, disfruto las competencias y en ese momento de mayor tensión donde sólo somos el salto y yo, recuerdo el sueño inicial, por qué estoy ahí y qué me motiva a dedicarle tanto tiempo y esfuerzo a la gimnasia.** El sueño de conseguir logros que nunca me hubiera imaginado también me hace pensar en el futuro inmediato, como que me gustaría entrenar una buena temporada en otro

país, conocer programas y compañeros diferentes, ver el deporte con otros ojos. Está padre porque es salir de lo que una conoce, desde el acondicionamiento físico hasta detalles muy específicos de cada elemento, pero el cambio es radical y tan diferente que se convierte en un reto divertido. Pienso que si no le damos ese toque a lo que soñamos sólo va a permanecer como una obsesión, y el camino hacia cumplir los sueños no tiene por qué ser únicamente de sacrificios.

ES MOMENTO DE SUBIRLE A LA MÚSICA...

Canciones que me dan fuerza y que me motivan a seguir
adelante de una u otra manera.

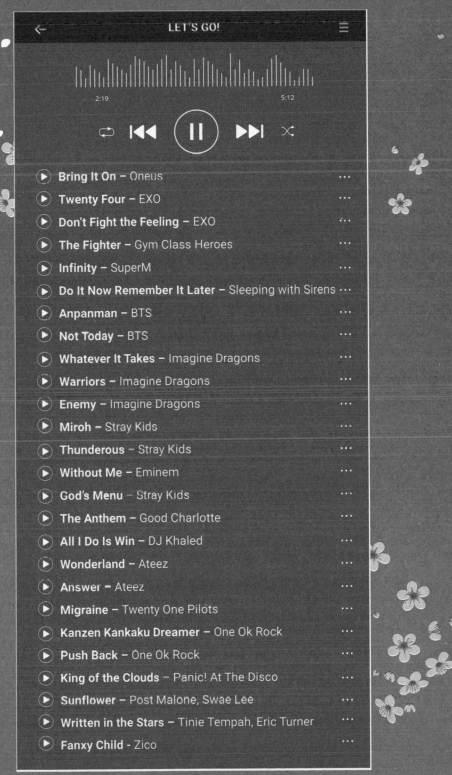

LET'S GO!

2:19   5:12

- Bring It On – Oneus
- Twenty Four – EXO
- Don't Fight the Feeling – EXO
- The Fighter – Gym Class Heroes
- Infinity – SuperM
- Do It Now Remember It Later – Sleeping with Sirens
- Anpanman – BTS
- Not Today – BTS
- Whatever It Takes – Imagine Dragons
- Warriors – Imagine Dragons
- Enemy – Imagine Dragons
- Miroh – Stray Kids
- Thunderous – Stray Kids
- Without Me – Eminem
- God's Menu – Stray Kids
- The Anthem – Good Charlotte
- All I Do Is Win – DJ Khaled
- Wonderland – Ateez
- Answer – Ateez
- Migraine – Twenty One Pilots
- Kanzen Kankaku Dreamer – One Ok Rock
- Push Back – One Ok Rock
- King of the Clouds – Panic! At The Disco
- Sunflower – Post Malone, Swae Lee
- Written in the Stars – Tinie Tempah, Eric Turner
- Fanxy Child - Zico

ACTIVIDAD 2:
Los sueños arriba y los pies en la tierra.

El poder de la palabra escrita es impresionante. Podemos aterrizar nuestros sueños, que parecen tan distantes en propósitos, cosas que podemos hacer a corto y mediano plazo y nos harán muy felices. Con el tiempo, podremos alcanzar nuestras aspiraciones más locas, los deseos que teníamos de niños o conocimos ahora siendo más grandes.

Hagamos una bucket list con el firme propósito de cumplirla.

¡Comienzo yo!

❀ Pintar mi cuarto ⬚

❀ Lanzarme en paracaídas ⬚

❀ Aprender coreano y japonés.
La meta es hablar cinco idiomas ⬚

❀ Aprender a bailar ⬚

❀ Lograr competir en nuevos elementos a nivel internacional ⬚

❀ Vivir en Japón alrededor de seis meses ⬚

❀ Hacer una maestría que me llame la atención en el extranjero ⬚

❀ Tener mi propio gimnasio de gimnasia artística ⬚

❀ Ir a un concierto en Japón ⬚

¿Y cuáles son los tuyos?

❀ _____ ⌐¬

❀ _____ ⌐¬

❀ _____ ⌐¬

❀ _____ ⌐¬

❀ _____ ⌐¬

❀ _____ ⌐¬

❀ _____ ⌐¬

❀ _____ ⌐¬

❀ _____ ⌐¬

❀ _____ ⌐¬

CAPÍTULO 3

UNA HISTORIA CON MUCHOS PERSONAJES

Esta parte de mi vida creo que podría contártela por episodios, para darle más emoción. Y porque nuestros recuerdos de las personas especiales tienen mucho que ver con qué nos aportaron y qué enseñanzas guardamos de ellas. O también de los malos momentos, cómo esas personas reaccionaron cuando hubo uno.

Los primeros adultos...

Entonces... quiero empezar con el lado más afectuoso del mundo, lleno de inspiración y apoyo: mis papás. Si he aprendido lecciones supervaliosas de alguien, ha sido de ellos, de ahí vengo: papá y mamá, cada uno me ha regalado varias enseñanzas a su manera. Mi papá siempre nos ha inculcado a mis hermanos y a mí la perseverancia ante cualquier situación, no fijarnos únicamente en lo que sale mal, sino en tomar acción para enfrentar la situación y poder seguir avanzando. Para mí él es la imagen de una persona fuerte, alguien que busca soluciones, que ante la presión sigue adelante y al final consigue llegar a la meta. Cuando algo no sale como lo esperaba o no parece dar el resultado deseado, entonces piensa en un plan B y un plan C, prepara varios caminos que lo podrían llevar al objetivo. Una frase que tengo muy presente de él es: "Piensa en cómo SÍ hacer algo en lugar de cómo no y en cómo fallan". Desde siempre, con asuntos de la escuela o de

la vida en general, sé que puedo encontrar ayuda y respuestas en él.

Mi mamá es el lado más emocional, ella siempre ha tratado de encontrar la forma de hacernos buenas personas, siempre piensa en cómo ayudar a los demás, apoyar a quienes la rodean y se concentra mucho en los sentimientos y cómo transmitirlos. Hace unas páginas te contaba que mi mamá ha sido scout desde sieeempre, así que a ella le debo haberme mostrado esa forma de vida que tanto me gusta, también me enseñó a trabajar en equipo y me apoyó en mis inicios en la gimnasia, porque si no hubiera buscado una manera en la que pudiera descargar toda esa energía desbordante, no estaría aquí. Mi mamá es una persona con la que me he llevado muy bien toda mi vida, solemos tener desacuerdos, pero le tengo mucha confianza y nos la pasamos muy bien. Sé que en ella siempre tendré una excelente amiga, además de una guía. Es una fuente de fortaleza y sabiduría muy distinta a mi papá, pero es igual de importante. Gracias a ella, creo que mis hermanos y yo hemos tenido a alguien con quien compartir nuestros gustos y aficiones, en momentos de soledad, siempre la busco.

Mi papá es bastante práctico, sí me apapacha y me demuestra su cariño de vez en cuando, pero es como el lado opuesto a mi mamá. Cuando tengo problemas emocionales o un bajón de ánimo, me acerco a mi mamá porque sé que, además de ser un consuelo, sus palabras e ideas me ayudarán a encontrar el equilibrio emocional que estoy buscando, y cuando necesito soluciones yaaa, inmediatamente, mi papá me ayuda a poner los pies en la tierra y a encontrar respuestas. Tal vez tengo un poco de ambos, pero hay ocasiones en las que la balanza se inclina más hacia un lado.

A lo largo de mi vida he encontrado apoyo en algunos adultos, pero sólo en unos cuantos, porque tampoco es que me relacionara con muchos. Hace muuuchos años, en primero de primaria, tenía una maestra que nunca voy a olvidar, era mi maestra favorita, la teacher Lupita Gutiérrez. Yo nunca fui una niña muy apegada a los maestros pero ella era muy agradable, a veces comía con ella en el recreo, a mí y a mis compañeros nos trataba muy bien, se parecía en cierto modo a la maestra Miel de *Matilda*, era como tener otra abuelita que nos deseaba lo mejor. Era superlinda pero igual nos pedía que hiciéramos los mejores trabajos, que pusiéramos atención, que aprendiéramos, que le echáramos ganas; siento que la gente así nunca se olvida porque enseñan de forma muy especial; hay disciplina, pero igual te tratan bien como alumno.

En la gimnasia...
Cuando yo empecé era muy chiquita y al principio lo veía como un juego, después como un deporte y ya

mucho más grande (tipo catorce o quince años, ja, ja, ja, supermayor), me di cuenta de que tenía muchas personas alrededor que de una forma u otra me inspiraron. De pequeña me acuerdo mucho de Janet Morales, que estaba en el programa de detección de talentos, ella era la que veía cualidades en los niños y los pasaba al programa de alto rendimiento. Es una persona con mucha paciencia y tiene algo, no sabría decir qué, que te tranquiliza. También tuve una entrenadora superestricta y muy firme en sus indicaciones, Maritza García, y a pesar de que a veces podía ser bastante severa, siento que con ella avancé mucho, creo que viéndola y siguiendo sus indicaciones aprendí a ser disciplinada desde muy pequeña, ¡tenía como seis años!

A los ocho empecé con mi entrenador de casi toda la vida, Eduardo Valdez, que ha estado conmigo desde siempre. Al principio sólo me entrenaba en barras y piso, y con Manuel Márquez entrenaba viga y salto. Al paso del tiempo, Eduardo comenzó a ser mi entrenador principal en los cuatro aparatos y trabajamos juntos por muchos años. Después, en Tijuana entrené con Alfredo Hueto, quien fue mi entrenador los últimos seis años, más o menos, y fue una época muy distinta a las anteriores. Además, hubo otros entrenadores que estuvieron aportando y apoyando de una u otra manera en mi camino, como Mary, que en las competencias era la voz de la razón y trataba de ayudarme para que

pudiera dar lo mejor de mí. Al final respondió a nuestro llamado de auxilio los meses previos a irnos a Tokio a los Juegos Olímpicos. Han sido varias personas y algunas por periodos muuuy largos. De repente sí es importante cambiar de maestros e instructores porque a veces uno cae en una especie de zona de confort, y es un lío salir de eso cuando la dinámica deportiva se vuelve muy familiar. Pero por otro lado, los entrenadores se hacen parte de tu vida porque convives mucho con ellos, te ven crecer tanto en el día a día como en el deporte, ven cómo atraviesas distintas etapas dentro y fuera del gimnasio y también se convierten en personas muy cercanas a una.

Si tuviera que hacer un anuario de mis personas favoritas en gimnasia, sin duda pondría entre estrellitas a Yessenia Estrada, ella era como una verdadera *senpai*, por así decirlo, para mí porque yo le hacía muchas preguntas, siempre iba hacia ella cuando estaba nerviosa o sentía mucha presión y Yessi me ayudaba a tranquilizarme. Fuimos compañeras de competencias y yo le tenía una gran admiración, de hecho, la sigo teniendo en alta estima y la respeto mucho. Llegamos a un punto en el que me conocía tan bien que sabía por lo que estaba pasando y tenía siempre una solución. Con ella tengo momentos superespeciales, hace mucho tiempo me contó que en alguna competencia pensó algo como "voy a competir por mí misma, porque a mí me

gusta y porque quiero hacerlo". No recuerdo muy bien cuándo fue, pero se me quedó muy grabado: "Haz las cosas por ti, porque a ti te gustan y porque disfrutas hacerlas", curiosamente, en un momento muy difícil y decisivo.

Como decía, ella ha sido una especie de hermana mayor. Cuando fue el preolímpico de Río me caí en un elemento muy sencillo, algo en lo que no me caía en competencia desde que tenía, no sé, trece o catorce años, y en ese instante quedé en shock, no entendía qué acababa de pasar. Terminé mi rutina y estaba devastada. Pensé: "Ya, bye, hasta aquí llegué, se me fue la oportunidad, se me acaba de escapar de las manos por una tontería". En mi cabeza yo tenía pronosticada una sola posible caída, y era en la viga. La viga me gusta, entrenarla es genial, pero competirla es otra cosa. Me pone de los nervios cada vez, sin falta. Y en esa competición yo terminaba en viga, era el único aparato que me hacía falta. Sumando el hecho de que me acababa de caer, la diferencia entre el *all around* de mi compañera, contra la que estaba luchando por la plaza, acababa de hacerse bastante grande, me sentía perdida. Estaba en completa crisis, Alfredo trataba de tranquilizarme y yo ni siquiera lo podía escuchar. Cuando empecé a calentar en el bendito aparato, recordé: "Haz las cosas por ti". En ese momento, lo decidí: no iba a pensar en nada más que no fuera hacer mi trabajo, hacer mi rutina bien, como yo sabía hacerla, y disfrutar el momento. **Tener esa sensación de satisfacción al demostrar a todos los que estaban ahí que yo también podía presentar un ejercicio bien hecho, con la cabeza en alto y sentir cada movimiento.** La verdad, cada elemento hecho con precisión me genera una felicidad interna inmensa... así que a eso se fue mi concentración. Y el resultado de todo esto fue sorprendentemente bueno, muy inesperado, pero fabuloso. Y así logré mi clasificación a los Juegos Olímpicos de Río 2016. Creo que, como ése, hay consejos o frases muy sencillas pero que llegan en el momento preciso, los olvidas en el día a día porque tienes muchas situaciones en qué pensar y de repente vuelven para sacarte del shock. Y algo así de poderoso sólo puede venir de alguien que te conoce muy bien y siempre tiene las palabras correctas.

Que no se me olvide...

Que dependiendo de dónde una se desenvuelve y el papel que juega, los demás van aportando sus conocimientos. De parte de los scouts fue mucho el compañerismo, a ellos tengo que agradecerles grandes

aprendizajes sobre trabajar y convivir con otras personas. En la patrulla también tuve varios roles y uno de esos fue ser guía, tenía algunas niñas a mi cargo y les daba el papel que les tocaba, lo que tenían que hacer, cómo hacerlo, las cuidaba y las organizaba. Fue una de las pocas veces en que pensé seriamente que no era mala líder, para nada me molestaba estar a cargo, y creo que si no hubiera sido líder en los scouts no me hubiera dado cuenta.

De repente, en ciertos proyectos me gusta llevar el liderazgo, pero sólo si lo que estoy haciendo o tengo en mente me importa mucho, si me siento cómoda con cuánto puedo exigirles y si estoy en condiciones de hacerlo. Tengo que estar mentalizada para tomar el control, y hacerlo en la patrulla fue muy bonito porque, a pesar de la responsabilidad, nos divertíamos, había orden, las niñas cumplían con su trabajo asignado, yo asumía mi compromiso y nos la pasábamos muy bien.

Ahora, la extraña historia de los amigos que duran poco...

Mi historia de amistades escolares es media rara, no, no, no, no media, sino muuuy rara. Vayamos muy al pasado, con una de mis amigas del kínder (porque mi memoria selectiva lo almacenó y he registrado todo lo que tiene que ver con este tema), estuve dos años

con ella y después pasé a la primaria, en una escuela diferente. En primero de primaria tuve una muy buena amiga, pero la cambiaron de salón y después de escuela y ya no supe qué pasó con ella; en segundo año tuve otra amiga que vivía muy cerca de mi casa, así que nos llevábamos muy bien, hacíamos varias actividades juntas, jugábamos mucho y hasta iba a su casa, y también tuvo que cambiarse de escuela. En cuarto tuve un grupito más fijo de amistades, o sea que ya no andaba sola por el mundo, hasta que ¡a mí me cambiaron de escuela en quinto! Pero nada más estuve un año, regresé a la otra escuela, sólo que en un grupo distinto, y ya no eran los mismos compañeros. Pero, curiosamente, una de mis amigas del kínder de hacía muuucho estaba en el mismo salón, aunque no duramos juntas porque me fui a una secundaria distinta a la que fueron todos.

Luego comencé a juntarme con una niña que vivía cerca de mi casa, éramos buenas amigas hasta que… sí, se cambió de escuela. Y el resto de la secundaria me hacía amiga de unas, después ellas se iban; volvía a juntarme con los que ya conocía, y separaban los grupos en distintos salones. En la prepa fue lo mismo los primeros semestres: todo el mundo se cambiaba de escuela. ¿Era mi maldición estar condenada a no tener los mismos amigos tres años seguidos? No lo sé, ja, ja, ja, pero eso parecía.

En parte, esos cambios eran padres porque iba aprendiendo aspectos de la gente a la que conocía, pero cuando pasábamos de ser sólo compañeros a ser amigos, ¡bye!, adiós, convivencia. Y entre tantos cambios, fugas y ausencias, creo que con los de la prepa fue con quienes más mantuve la amistad, porque las dinámicas eran diferentes, podíamos estar más comunicados que con los amigos de la primaria con quienes me encariñaba y de repente ya no nos veíamos nunca más.

En gimnasia los cambios también se notaban mucho pero por episodios: de los cinco a los diez éramos casi las mismas, tenía a mis compañeritas desde bebés de tres años, y pasamos a formar parte de un grupo más grande, pero a los once o doce algunas se salieron y en el grupo quedamos menos. En los años siguientes cambiamos de grupos de entrenamiento y, pasado un tiempo, mis amigas de toda la infancia desaparecieron del gimnasio. En competencias nos juntábamos las del estado: Mexicali, Ensenada y Tijuana. En mi primer nacional de gimnasia conocí a Amaranta, a los ocho años en el 2003, competimos juntas muchos años y hasta el 2015 nos comenzamos a ver en el gimnasio diariamente porque ya empezamos a entrenar juntas. Con ella y con Karla me tocó vivir muchas experiencias y pasar por todo tipo de estados emocionales, ja, ja, ja, ja. Estar en un ambiente gimnástico, lleno de tantas actividades, de tensión, felicidad, presión, cansancio, satisfacción, desaliento, victoria, frustración, fortaleza, ánimo, miedo, coraje, competencia, emoción, ansiedad, nervios, alegría, amistad... todo eso lo vives con quien entrenas y se generan lazos muy fuertes y duraderos, inolvidables. La verdad, pienso que a todos los gimnastas nos falta un tornillo... o una tuerca. Pero, ¡ah, cómo nos divertimos!

Ahora, ya más grande, puedo mantener el contacto y la comunicación con muchos amigos de distintas partes del mundo, ya no dependo de una hora en el MSN Messenger por la tarde para ver quién se conectaba, si es que la computadora estaba libre (nota importante, amigo, amiga: si no sabes qué es el MSN, me voy a sentir muy mal porque me daré cuenta de que estamos a años luz de distancia tecnológica, y de que ya no soy taaan joven).

En esta etapa...

Y ahora, ya más grande, también me encuentro con personas muy cool que valen muchísimo en mi vida. Sheyla, mi compañera de la uni, es una de ellas, es de esas chicas que sacaban diez de promedio todo el tiempo y estaba súper al pendiente de mí: Alexa, hay tarea; Alexa, te metí al equipo porque no estabas; Alexa, recuerda las fechas de entrega... así siempre, recordándome todo lo que a mí se me pasaba, porque entre los entrenamientos y las competencias, apenas tenía

cabeza para organizarme con la universidad. Creo que gracias a ella no me reprobaron y pude terminar la carrera. Es increíble cómo pueden existir personas así de dedicadas no nada más a lo suyo, sino a echarte la mano cuando saben que estás a tope, te motivan, te dan ánimos y se preocupan por ti en muchísimos sentidos. Y mi amiga Nadia también, una amiga superlinda y dispuesta que siempre es un gran apoyo. También era bien nerd y era parte del equipo, además es la que de repente nos hace socializar un poco más, vivir una vida ligeramente más normal. De todo esto me di cuenta a través de los años, por lo general siempre estaba en otro rollo, pero ahora lo valoro muchísimo.

También tengo amigas con las que me tocó vivir muchísimas experiencias: competimos juntas, entrenamos juntas, tuvimos aventuras en diferentes partes del mundo y aún después de todo este tiempo y tantos acontecimientos mantenemos contacto lo más que podemos. Cuando dedicas tus días a una actividad de forma tan apasionante y compartes esos momentos con otras personas, se generan vínculos muy especiales. Amaranta y Karla son las personas con quienes he compartido más emociones fuera de mi familia, creo que en algún momento tuvimos un gran nivel de comprensión mutua. Lo pasamos bien, lo pasamos mal, reímos, lloramos, gritamos, peleamos, nos apoyamos, nos regañamos, compartimos derrotas y victorias,

frustraciones, alegrías... creo que hemos tenido una amistad verdaderamente significativa y valiosa. Las quiero mucho por ser parte de mi recorrido en esta vida.

En esta mención de individuos destacados en mi existencia, debo sí o sí hablar de Daniela porque, a pesar de que el tiempo que he pasado con ella en comparación con mis relaciones más largas es bastante corto, la época fue tan intensa que no hubo de otra más que simpatizar la una con la otra hasta tener un vínculo muy cercano. Un ciclo olímpico lleno de tropiezos, caídas, logros y luego más caídas, con los sentimientos a flor de piel en cada instante, creo que todo eso favoreció el crecimiento del sentimiento de compañerismo y hermandad. La adoro porque, encima de ser muy profesional en su trabajo de fisioterapeuta y con eso lograr que yo pudiera aguantar físicamente hasta Tokio, estuvo al pendiente de mí y trató de animarme y motivarme cada que podía. Tras estos años de convivencia, es una persona que aprecio y quiero un montón.

Otro lugar superespecial en esta especie de anuario de mi vida lo tiene Fanny, mi compañera de gimnasia. Ella y yo hemos pasado por muchas situaciones juntas y también cada una por su cuenta. A Fanny le tocó un camino muy duro, diferente al mío, yo tuve mis propias adversidades y ella las suyas y las dos siempre hacemos lo que podemos para cumplir con nuestras metas. Esto es muy interesante porque ¿recuerdas el

preolímpico de Río que te conté hace un par de páginas? Pues ella fue conmigo. Con ella estaba compitiendo por la plaza para los Juegos. En una riña así, ambas sabíamos lo mucho que la otra trabajó y se esforzó para darlo todo por esa clasificación. Este entendimiento mutuo hace que exista una rivalidad sana. Fanny es una de las personas que más despierta mi competitividad, me impulsa a hacer más y, al mismo tiempo, quiero que siga creciendo para yo tratar de superarla y llegar más alto. Ahora que lo pienso, es como un círculo vicioso y ahora no sé cómo sentirme al respecto, pero bueno, así funciona en mi cabeza, je, je.

Eso también lo aprendí de niña con Dahiana, una chica de Nuevo León. Fue de las primeras veces que fui consciente de que puede existir una competencia sana, de que no por ser rivales somos enemigas, que podemos tener una buena amistad y apoyar a la otra, aunque esté enfrentándome a ella en un campeonato o lo que sea. Hay admiración y respeto; puede que una no gane pero ve el crecimiento de la otra y, por dedicarnos a lo mismo, sabemos lo que hay detrás de su logro.

Alexa en primera persona...

Cuesta mucho hablar de una, ¿verdad?, al menos a mí sí, pero haré un esfuerzo. En mi descripción abajito de la foto de mi anuario podría definirme como una persona superintensa que se estresa por lo más mínimo, soy muuuy perfeccionista, a pesar de no ser tan organizada. Soy muy perseverante, eso lo traigo de casa porque vi a mi papá ser así y él me inculcó hacer las cosas bien, repetirlas, mejorarlas y encontrar la forma correcta de llegar a ellas, y tambіén por eso, a pesar de que puedo ser muy impulsiva, también soy analítica y planeo mi estrategia para tener el resultado que espero. Y bueno, no sé si es una virtud o un defecto, pero a veces tiendo a tener expectativas demasiado altas de todo, principalmente en lo que yo hago, y de las demás personas no tanto, prefiero no esperar mucho para que cuando den la sorpresa, de verdad sea una muy grande. Creo que tampoco soy muy buena manejando las desilusiones, así que... ajá.

También pienso que siempre tengo algo pendiente, entonces no me queda tiempo de pensar que "ja, ja, ja, todo cool, todo fine, qué tranquilidad". ¡Para nada! Mi atención siempre está en lo que sigue, en hacer muchas actividades y siempre buscar algo nuevo. **En esta vida todo evoluciona y cuando sientes que estás por llegar a**

71

lo más alto, te das cuenta de que no es así, y si quieres seguir, entonces debes trabajar más, echarle ganitas más que nunca y tratar de mantenerte.

Esto no sólo aplica en el deporte, sino en las demás profesiones, en todo tipo de relaciones y metas personales, no nos podemos confiar cuando sentimos que hemos alcanzado algo, y caer en el conformismo es bastante aburrido y poco productivo. Hablando honestamente, me gustaría ser recordada como una persona que se esforzó y logró algo fuera de toda expectativa. No quiero que me recuerden como: "Era una chingona pero muy engreída", porque he conocido gente así, y no es nada agradable. Cuando te despegas del piso puedes llegar a cambiar mucho tus valores y perspectivas, y temo que eso me haga perder cualquier atisbo de empatía que pueda tener y las pocas características positivas que tanto valoro en mi persona. Siento que hago algo que me gusta y tengo en mente siempre ir más allá, no usarlo como una herramienta para sentirme superior a los otros.

EL SOUNDTRACK DEL TIEMPO JUNTOS

Hay personas especiales que, con el tiempo, se vuelven necesarias.

A FRIENDLY REMINDER

2:19   5:12

- ▶ **Any Song** – Zico   ...
- ▶ **Without You** – SuperM   ...
- ▶ **Wannabe** – Spice Girls   ...
- ▶ **I'll Be There for You** – The Rembrandts   ...
- ▶ **Wonderwall** – Oasis   ...
- ▶ **See You Again** – Wiz Khalifa, Charlie Puth   ...
- ▶ **Bambi** – Baekhyun   ...
- ▶ **Dance Monkey** – Tones And I   ...
- ▶ **Hijo de la luna** – Mecano   ...
- ▶ **Car Radio** – Twenty One Pilots   ...
- ▶ **In Too Deep** – Sum 41   ...
- ▶ **Cómo te atreves** – Morat   ...
- ▶ **Love Scenario** – iKon   ...
- ▶ **We Are** – One Ok Rock   ...
- ▶ **Okey Dokey** – Zico, Mino   ...
- ▶ **Summe Hate** – Zico   ...
- ▶ **Thnks fr th Mmrs** – Fall Out Boy   ...
- ▶ **New Face** – PSY   ...
- ▶ **Pies descalzos** – Shakira   ...
- ▶ **Clint Eastwood** – Gorillaz   ...
- ▶ **Fiancé** – Mino   ...
- ▶ **Narcisista por excelencia** – PXNDX   ...
- ▶ **No me digas que no** – Nikki Clan   ...
- ▶ **New Face** – Woosung   ...
- ▶ **All the Small Things** – Blink-182   ...
- ▶ **Bohemian Rhapsody** – Queen   ...

ACTIVIDAD 3:

Este anuario llamado vida.

Así como yo tengo recuerdos muy detallados de algunas personas porque he aprendido de ellas, me he divertido, hemos reído y también hemos enfrentado retos, ¿qué recuerdas de las tuyas? ¿A quiénes admiras, qué sentimientos relacionas con ellas, cómo ha sido su paso por tu vida?

Escribe o dibuja aquí todo lo que te venga a la mente: escenas, canciones, sensaciones, chistes, anécdotas, sueños... ¡todo!

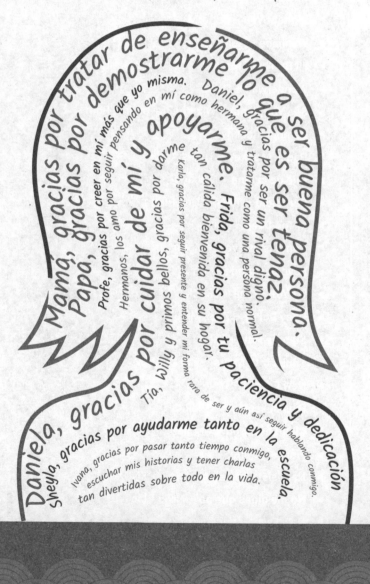

¡Ahora es tu turno!

CAPÍTULO 4

MIEDOS Y CATÁSTROFES... EL RELATO XD

Ahora quizá sea hora de ponernos serios (sólo un poco, aquí no cabe la seriedad absoluta) y hablar de esos momentos en los que las cosas se salen un poco de control, y se salen, se salen... ¡se siguen saliendo!, hasta que colapsas. ¿Me ha pasado?, ufff, montones de veces y aún no encuentro la varita mágica para poner el mundo en orden, a veces simplemente me dejo ir y floto en el mar del caos.

Todo lo que esté fuera de mi control me mata, me da ansiedad a tope, me siento inútil cuando no tengo todas las respuestas y vivo en constante estrés. Es muy curioso porque o te da pánico no tener opciones o enloqueces si tienes demasiadas. También me desespero cuando varias son tan contundentes y sé que no podría tomar una sin dejar otra igual de importante. Mi consejo para no perder la cabeza en esto es... ninguno, no tengo consejos en este tema, yo simplemente pierdo la cabeza, no tengo una fórmula para evitarlo, lo siento. Pero sí te puedo decir que si te enfocas en tratar de tener todo bajo control, estás perdiendo tu tiempo porque definitivamente no va a suceder. La vida es impredecible y eso es lo bonito de ella, aunque también puede ser aterrador. Cuando llego a ese punto en el que todo parece ser demasiado y no sé ni dónde empiezan o dónde terminan mis pendientes o responsabilidades, o sencillamente no tengo ni la menor idea de qué debería hacer, a mí me sirve mucho escribir, poner

en papel mis opciones, los pros, los contras, porque al verlo todo en palabras es más fácil de analizar. ¿Qué quiero en realidad, qué está en mis manos hacer, cómo puedo dar el siguiente paso...? Y así, aunque no saque una conclusión, pero me siento mucho mejor y sin tantas dudas, para mí ése es el primer paso. Digo, no te soluciona la vida pero te ayuda a que no se sienta taaan calamitosa, creo que me ayuda a tener una perspectiva más amplia y darle un poco de orden a todo lo que está en mi cabeza dando vueltas en un tornado infinito.

Cuando estoy ahí arriba en una competencia, muchas veces aparento una gran seguridad, y precisamente así es como me siento cuando conozco mi medio, tengo todo bajo control y sé que puedo conseguir aquello para lo que me he preparado y he visualizado, pero debo confesar que, la verdad, soy muy insegura y miedosa. **Siento que muchas situaciones me asustan, y justo ahí entra mi espíritu perseverante y la valentía escondida dentro de mi ser y les hago frente, es como luchar una batalla todo el tiempo.** Me da terror la incertidumbre, me da pánico no tener un plan, si no puedo generar uno siento que estoy vagando por el infinito sin nada en concreto, me da miedo no estar lista o preparada para lo que me tenga que enfrentar, es como ir sin armas a la guerra, pero sé que en algún punto debo salir de esa situación, así que doy un respiro, medito un poco y me muevo para acabar con ello lo más pronto posible. A veces tiene que pasar un buen rato para lograr armarme de valor y dar el paso, pero al menos siempre, sin importar cuánto tarde, llega el momento.

También le tengo miedo a fallar y al dolor. Esto va de la mano porque en entrenamientos y competencias tenía mucho miedo de que algo no me saliera en alguno de los elementos, justo porque temía que el error me llevara a una caída dolorosa. Ésa fue una hipótesis a la que llegué después de años y años de entrenamiento, como que no entendía por qué me daba tanto pánico hacer ciertas cosas, y mi conclusión fue que el miedo venía de la sensación de un dolor muy fuerte que me impedía continuar con mis entrenamientos. Como un bucle vicioso sin fin. Que curiosa es la mente humana, ¿no crees? Al final, generalmente, pensar en tus temores te lleva directo a ellos. Lo único que me quedaba hacer en esos momentos era tratar de evadir esa línea de pensamiento lo más que pudiera, pensar en el elemento de una manera más simple para enfocarme en la parte importante de la técnica, respirar y aventarme a hacer lo que sea que tuviera que hacer. *Fun fact*: aquí la música jugaba un papel sumamente importante en lo de no pensarla mucho, escuchaba el beat indicado y arrancaba en ese momento. Hice playlists de música especiales para esas ocasiones. Lo sé, soy una persona bastante singular. Muchas veces llegué a sentir parálisis de miedo, de ésas en las que el mundo gira a tu alrededor pero tú simplemente estás así viendo cómo todo pasa, sin poder moverte o pensar, así que tuve que inventarme las estrategias que me dieran el coraje que buscaba, porque mi única alternativa era seguir adelante. Sé que no hay curas inmediatas para situaciones así, pero ayuda poner en práctica lo que sabes que te funciona: primero la concentración, después la estrategia que llevas mucho tiempo pensando y, por último, intentar vencer el miedo dando el primer paso. Confieso que también me dan miedo las situaciones nuevas, pero por lo mismo, porque no sé qué esperar de ellas o de la gente y no me gusta no tener un plan de acción de cómo se supone que debería reaccionar. ¿Ves cómo todo se relaciona?

Alguna vez me pasó en gimnasia que hubo un momento en el que parecía que le perdía el gusto. La presión, el esfuerzo extra, la ansiedad, las lesiones, todo eso nublaba mi idea de por qué me gusta lo que hago. Yo tenía muchas expectativas sobre mis metas y quería llegar a eso, probar algo diferente, tener un calendario establecido, pero nada salía bien. No estaba entrenando como debía ser, había muchas inconsistencias, y el

resultado no salía como lo planeaba, no podía aumentar mi dificultad, y me llegó el sentimiento de fracaso muy cañón. El no llegar al nivel que deseaba, no alcanzar mis objetivos y metas, y con mi confianza por los suelos ante mi incapacidad de salir de ese hoyo en el futuro próximo, me llevó a olvidar las sensaciones que disfrutaba de lo que hacía, mi verdadera motivación, todo lo que me divertía de hacer gimnasia y que me llenaba de instantes de felicidad. Por eso te decía que hay momentos en que falla todo, la falta de atención o el dolor y la frustración; en mi caso, me llevan a dejar de lado lo que de verdad me gusta y por lo que he trabajado tanto. También tenía que ver con que recientemente no había tantos momentos plenos que me recordaran eso.

Fue una de mis épocas más duras, a finales del 2020 todo estaba mal, incluso tuve la sensación de que nada de lo que estaba haciendo valía la pena, que no iba a conseguir lo que deseaba, que cada vez iba de mal en peor y lo mejor era irme a mi casa. Y lo hice. Le dije a mi entrenador que ya no podía más, levanté mis cosas, me subí al carro, agarré carretera y me fui a mi casa. Estuve ahí tres días, fue lo más que duré. *Drama queen much, huh*. Tuve una plática con mi mamá y luego otra con mi papá, y me di cuenta de que no estaba dispuesta a abandonarlo todo y dejarlo al "qué hubiera pasado...", que no estaba lista para rendirme y que no me

lo perdonaría si sólo desertaba sin más. Sabía que no tenía ninguna certeza de que la situación fuera a cambiar o de que algo fuera a solucionarse, pero estaba decidida a continuar con mi decisión hasta el final, a dar todo de mí por pelear hasta el último momento sin arrepentirme de nada.

Todo esto fue como medio año antes de los Juegos Olímpicos. Ese break con mi familia me ayudó mucho, me dio el empujón que necesitaba para regresar con la cabeza más fría. Hablé con mi entrenador para buscar una solución a esa dinámica que me hacía sentir estancada, poco productiva y harta de todo. Era volver al gimnasio y empezar de cero, enfocarme en recuperar la resistencia y la fuerza que me hacían falta para continuar. Esa etapa es una lata, para ser honesta, es la parte que menos me gusta porque es muy cansado, no me parece divertido y yo lo que quiero es estar haciendo gimnasia, además ya había repetido esta parte como tres veces en el último año por culpa del covid, pero era necesario hacer el *reset*, tanto físico como mental.

Vayamos un poquito hacia atrás. Cuando dijeron que pospondrían los Juegos Olímpicos de Tokio un año me sentí como de luto durante dos semanas porque no tenía ni la más mínima idea de qué iba a proceder, ya estaba a un par de meses del evento más grande del ciclo para el que me había estado preparando, a nada de estar en mi mejor punto competitivo, y de la nada ¡boom! dicho evento se pospone hasta nuevo aviso. ¡¿Qué?! Los primeros días ni siquiera sabía si se iban a posponer o cancelar. Y luego me dicen que sí se hace pero hasta el año siguiente. ¿Piensan que me puedo mantener en mi mejor forma un año completo sin ni siquiera tener la oportunidad de pararme en un gimnasio? ¿Qué iba a pasar con los entrenamientos?, ¿con mi vida?, ¡¿con el mundo, en general?! Luego del shock y de pasar por todos los estados de ánimo, comencé a "entrenar" en mi casa, que en realidad era correr y correr a las cinco de la mañana porque un poquito más tarde ya salía el sol y para qué te cuento del calor de Mexicali; hacía preparación física y paradas de manos, cualquier ejercicio que pudiera en el espacio y las condiciones que tenía, así durante tres meses, hasta que en junio me fui a Ensenada a entrenar en un gimnasio.

Había una crisis mundial, la situación se ponía cada vez más fea, pero yo tenía unos Juegos Olímpicos a un año de distancia y simplemente no me podía echar a ver la vida y el tiempo pasar, tenía que activarme en serio. Sin embargo, a la vida le gusta el drama y las dificultades, así que mis obstáculos fueron apareciendo uno a uno. Di positivo en la prueba de covid a finales de diciembre 2020, y debido a eso tuve que suspender todo tipo de actividad física y mantenerme encerrada en mi casa quince largos días. La vida siguió. A mediados de febrero, más o menos, me caí de la barra y terminé de desgarrarme el hombro. Ya traía una lesión, pero la caída la agravó considerablemente hasta el punto en que ya no podía usar el brazo ni para correr, mucho menos para colgarme o saltar. Después de una evaluación médica, me informaron que era necesaria una cirugía. Se me cayó el alma a los pies. Yo no tenía tiempo para operarme, no había tiempo para la recuperación, ¡no había tiempo para nada en realidad! Me dieron la opción de competir en un solo aparato, pero yo me rehusaba a creer que terminaría mi ciclo de esa manera. Así que me aferré a mis deseos y fuerza de voluntad, acepté el hecho de que debía entrenar con cautela, con las atenciones y precauciones necesarias, por más desesperante y frustrante que fuera, y seguí con la intención de competir el *all around*. El trabajo en equipo con mis entrenadores y fisioterapeuta (la más importante) me ayudó a permanecer en ese camino.

A veces uno piensa que le va mal pero es momentáneo, la

situación mejorará pronto si sigues las indicaciones, si te cuidas, si blablablá... ¡y te va peor!, porque en mi caso, seguí las instrucciones, continué con los cuidados, hacía las cosas de a poquito y unos meses después me enfermé de tifoidea (más emojis para que se sienta la tragedia, ja, ja, ja). ¡¿A quién en estos tiempos, y en un país desarrollado, le da tifoidea?! Eso fue lo que pensé en ese momento. No comía en la calle, quiero creer que el agua que dan en los garrafones es agua limpia, entonces, ¿como por qué? En serio que no entendía qué estaba pasando. Pero la mala suerte no se terminó ahí, porque en abril, a unos meses de irme a Tokio, me desgarré la fascia del pie, no podía correr, con trabajo caminaba, y tenía un entrenamiento que cumplir. Entonces oootra vez a cambiar el programa para no dejar de hacer gimnasia por completo pero no arriesgar a que la lesión empeorara y esperar a que bajara el dolor.

Luego, ya poco a poco saltaba y parecía que iba por el buen camino, peeero... a consecuencia del desgarre surgió otra molestia porque una calcificación presionaba un nervio, pero no se quedó nada más en molestia, como al principio sólo me dolía poquito entrené normal y al día siguiente ¡bam!, no podía ni apoyar el pie. "Aynoaynoaynooo, ¿y ahora qué me hi-ceee?" Entré en pánico porque no había tiempo que perder, no podía retroceder en mi recuperación, pero tampoco quedarme como estaba mientras sanaba solito. La histeria me invadía porque me había dete-nido tantas veces hasta este punto que ya no podía soportar otro retroceso. Por suerte no me había frac-turado, pero ooootra vez tuve que hacer descanso obli-gatorio... ¡a mes y medio de viajar a Tokio! Ni la Alexa más zen podría relajarse con una situación así. No tenía la menor idea de qué iba a hacer si ni siquiera podía correr, ahora sí: terror, incertidumbre, ansiedad, desesperación, frustración, estrés, depresión, todo cayó sobre mí.

Debido a esos pensamientos y emociones negativas, siempre me sentía cansada. Obviamente mi cuerpo resentía la carga; se hace lo que se puede, pero a veces ni haciendo todo ves la lucecita al final del camino. Al final ya sólo queda albergar la más mínima esperanza, y persistir hasta el final. Meses atrás decidí darlo todo sin importar lo que sucediera para no tener arrepentimientos y me lo recordaba a cada momento: el porqué estaba ahí partiéndomela a diario y lo que esperaba lograr, el sentimiento que buscaba tener al final de mi travesía. Ya a nada de competir comencé a sentirme mejor. Un par de semanas antes ya me había salido un *all around* bien, bastante decente, con dolor pero muy digno. Alexa… ¡aquí vamos!, bueno, siempre y cuando no diera positivo a covid, porque no olvidemos que la pandemia seguía y seguía, había que hacerse pruebas a cada rato, nadie estaba a salvo y un viaje internacional con gente de todo mundo era una enorme *red flag* de salud.

Una vez que pude salir del aeropuerto y entré a la villa, todo mi ser sintió que se me quitaba un gran peso de encima. **Ya había llegado, estaba en tierras olímpicas y ahora sí que si algo pasaba simplemente no estaba destinado a ser. Ya había estado a punto de irme**

al monte y buscar un chamán para que me hiciera una limpia, me alineara los chakras y me devolviera un poco mi suerte porque ¡híjole, que difícil, eh! (no me pueden juzgar, tiempos desesperados necesitan medidas especiales, ¡¡y yo estaba muy desesperada!!). Lo único que quedaba era sobrevivir los entrenamientos que restaban, adaptarme lo más rápido posible y disfrutar el momento.

Y ya que estamos en esto de hablar de mis temores de la vida, aquí hay algo que he dicho en varias ocasiones: el piso me da muchísimo miedo. Me da pánico perderme o caer corta porque me duele hasta el alma. Me ha pasado, por eso aprendí a tenerle respeto. Poco a poco he ido creando estrategias para superarlo, más bien enfrentarlo porque aún me asusta, ja, ja. Una de ellas fue pensar las cosas de una manera más simple de lo que en realidad son. Pensar sólo en un elemento sencillo para darle la importancia a la técnica que necesitaba sin abrumarme con tantas vueltas y giros. En lugar de pensar en un doble mortal con dos giros, pensaba en un doble atrás sencillo, que me ayuda a enfocarme en la salida y no adelanto nada ni hago cosas raras que me lleven a fallar el ejercicio. Puede que sea muy técnico, pero para mí no es fácil explicar gimnasia. El caso es que me concentraba en algo que me llevara al punto clave del elemento y así ejecutar la técnica de la mejor forma posible, si eso sale, el resto del elemento viene solo, la memoria corporal es una maravilla.

También me sirve recordar las veces que algo me ha salido bien: visualizo el elemento, recuerdo la sensación de cuando me sale tal como quiero..Si pienso en la base del elemento, ya no me causa tanto terror. De una u otra manera hay que resolver con estrategias y, con el tiempo, siempre con prueba y error, he encontrado las mías. Ahora, en momentos de crisis, esos instantes en los que necesito un impulso, la música siempre es la solución. Canciones que me recuerden mis motivaciones o en las que el ritmo sea lo suficientemente fuerte para sentir ese empuje. También puede que sea una maniática y sean puros inventos míos, aun así estas locuras me han salvado en muchas ocasiones.

Hace años tuve una competencia que me dejó un trauma, un verdadero bloqueo mental. En Doha el piso estaba durísimo, no podía saltar casi nada, tenía una muy buena rutina preparada pero apenas caía el elemento más sencillo, así que el mero día tuve que cambiarla, disminuir la dificultad porque, de otra manera, el riesgo de fallar era demasiado alto; terminando la competencia hasta la música me provocaba estrés. A veces no hay otra opción más que adecuar el plan dependiendo del objetivo propuesto. Si lo importante es asegurar soluciones, entonces es necesario descartar lo que esté causando grandes estragos o incluso esté siendo un riesgo para la salud, por más frustrante que pueda llegar a ser, pero si lo que quieres es ir a por todas, entonces te arriesgas, porque si no arriesgas, no ganas. Es cuestión de analizar la situación.

El temor que pueda llegar a sentir en un evento depende de la competencia y de la preparación que haya tenido. Cuando fui al Mundial de Alemania iba con una gran seguridad en salto porque ese año me tocó participar en varias Copas del Mundo y ya conocía esa sensación de un escenario internacional, ya había visto a mis competidoras antes, ya conocía las emociones que sentía en ese momento, los pensamientos que me ayudaban a dar lo mejor de mí y los que no, estaba lista para enfrentar una competencia mundial, así que el clasificatorio lo hice con mucha tranquilidad y fue espléndido. A pesar de que me había enfermado la semana previa, todos los días con tos y dolor de cabeza, con el cuerpo cansado y una resistencia física bastante deplorable, pude salir adelante. Al menos en mi especialidad tenía la confianza de hacer un muy buen papel porque tenía un trabajo que me respaldaba y la experiencia de los eventos previos. Digamos que tuve un colchoncito de seguridad que se activó en el momento en el que más lo necesitaba.

He tenido competencias a las que entro superbién, feliz, preparada, tranquila, y otras en las que parece que vas a pelear con el dragón con las manos desnudas, te agarran en curva, o los entrenamientos no fueron los mejores o no estas físicamente preparada, y pues de todas maneras debes ir a competir y dar tu mejor esfuerzo, porque es la única manera en la que puedes obtener más experiencia y aprender. Lo ideal sería que siempre, ante cada situación importante, tuviéramos este colchoncito de soporte, pero no diario es así y te las arreglas con lo que tienes al alcance.

El cansancio también echa a perder los planes. Hay periodos de mucha intensidad, por ejemplo, fui al Mundial de Qatar, luego fui a competir a una Copa en Cottbus y a otra en Japón, todo eso en más o menos tres meses, y después fui a una Copa a Australia. En esa última me pasó algo superraro: me sentía muy pesada, no podía correr, sentía las piernas cansadas, como arenosas, y no me respondían. Me decía que a lo mejor ya en el escenario de competencia, con la adrenalina, estaría como si nada... y no, ¡de plano no!, estaba tan cansada que mi cuerpo nomás no daba. Y así me la tuve que aventar, rezando al universo por un poco de fuerza para que pudiera al menos llegar al caballo. Milagrosamente, pasé a la final, y hasta ese día me empecé a sentir normal. Y aquí me di cuenta de esa frase que mencioné antes: "El que no arriesga, no gana". Como

no había saltado el doble giro atrás en toda la semana, le saqué y sólo hice un giro, a pesar de que ya no me sentía horrible, y quedé en cuarto. Lección aprendida. Puede que la decisión que tomé no estuviera mal, pero el hubiera que nos da vueltas en la cabeza me hizo pensar "posiblemente hubiera quedado en tercer lugar si...".

Siento que el miedo, la ansiedad, la incertidumbre, el cansancio, todas esas sensaciones que asociamos con lo negativo van a estar siempre, no podemos evadirlas; la mala suerte también, las rachas en que nos va mal y podría irnos peor, llegan, pero no tendrían que quitarnos las ganas de seguir adelante, por más feo que se vea el panorama. La vida es así. Si pudiera decirle algo a quien atraviesa por un mal momento o no sabe ni siquiera cómo empezar, sería que pase lo que pase todo estará bien. No deberíamos tener miedo a soñar y pensar en grande. Todo comienza con un sueño y pienso que algunas veces sentimos aprensión de soñar debido al miedo a fallar.

Spoiler de vida: el fracaso siempre nos va a acompañar, si no hay fracaso, si no perdemos, ¿cómo aprenderíamos lo necesario para seguir creciendo? El éxito lo podemos encontrar

si damos el primer paso hacia un sueño.

No pasa nada si los planes no salen como una quiere, todo está en seguir intentándolo. Últimamente siento que hay muchas personas que se rinden fácil, se desilusionan a la primera y no hacen un segundo esfuerzo. Hay que ser tenaces, perseverantes, y superar los baches y las barreras que salgan en el camino. Quiero decirles que no se olviden de por qué hacen lo que hacen y qué es lo que les gusta de ello. Recordarlo ha sido uno de los aspectos que me permitieron continuar y llegar hasta donde lo he hecho, algo que me dio fuerza en los momentos más complicados y, como magia, me ayudó a sacar lo mejor de mí, sentirme libre y satisfecha con lo que más amo.

CUANDO SÓLO LA MÚSICA PODÍA MEJORAR MI ÁNIMO

Esta playlist me alegró cuando me sentía incomprendida.

DON'T WORRY

2:19   5:12

- **A Little Too Much** – Shawn Mendes
- **Never Be Alone** – Shawn Mendes
- **Hold On** – Shawn Mendes
- **Monster** – Shawn Mendes, Justin Bieber
- **Stressed Out** – Twenty One Pilots
- **Been Through** – EXO
- **Boy** – King Gnu
- **Unravel** – TK from Ling tosite sigure
- **I'm Okay** – iKon
- **My Life** – Imagine Dragons
- **Voices** – Stray Kids
- **Hellevator** – Stray Kids
- **Maze of Memories** – Stray Kids
- **Side Effects** – Stray Kids
- **One Shot** – B.A.P.
- **The Climb** – Miley Cirus
- **Iyah** – Kang Seung Yoon
- **Anti** – Zico
- **Hold On** – Justin Bieber
- **She** – Selena Gomez
- **Lose Yourself** – Eminem
- **Eye of the Storm** – One Ok Rock
- **Ode to Sleep** – Twenty One Pilots
- **Chlorine** – Twenty One Pilots
- **Still** – DAY6
- **She's in the Rain** – The Rose

ACTIVIDAD 4:

Venenos y antídotos.

Para hacerle frente a eso que nos paraliza, primero hay que reconocer a qué le tememos, ponerlo en palabras, identificar su origen y tratar de darle una solución para, si no eliminarlo del todo, restarle poder sobre nosotros.

Estos son los venenos en mi vida, pero luego de una intensa búsqueda (o la casualidad) también encontré mis antídotos. ¿Cuáles son los tuyos?

VENENOS	ANTÍDOTOS
✿ No poder hacer lo que me gusta nunca más	La única solución para todos los temores que están fuera de mi control es sólo seguir con mi vida, esforzarme en cada cosa que haga, ser prudente y tratar de ser lo más respetuosa posible para no causar problemas innecesarios. Aceptar que la vida es impredecible e intentar vivir el presente junto a aquellas personas que aprecio.
✿ Que mis acciones perjudiquen a otra(s) persona(s) de forma negativa	
✿ Quedarme sola en la vida	
✿ Las personas perversas	

¿Y cuáles son los tuyos?

CAPÍTULO 5

LA VIDA ADULTA: NO LA RECOMIENDO, PERO AQUÍ ESTAMOS

Hay un montón de situaciones por las que podría quejarme, y una de ellas son las responsabilidades que nos caen encima una vez que cumplimos cierta edad, y cómo la sociedad espera que actúes con madurez y sensatez de la noche a la mañana, que te adaptes a tu nueva condición de persona mayor en casi nada de tiempo. De niño muy poco te preocupa, es una etapa libre en la que vives el momento y sueñas con lo que vas a ser cuando crezcas, pero ese sueño se ve superlejano y en realidad no causa ningún tipo de angustia porque sabes que falta mucho. Pero de la nada, en un parpadeo, el tiempo te alcanza y ahora sí viene lo difícil. Nadie sabe nada acerca de la planificación del resto de su vida cuando aún es adolescente (aunque si tú desde muy joven ya sabías o sabes qué quieres o cómo te ves en unos años, ¡felicidades!, sin ser sarcástica, eres parte de un pequeño grupo, porque los demás no supimos o seguimos sin saber).

Me parecía importante mencionarlo porque, como he platicado al inicio de este libro, practico gimnasia desde los tres años (casi una bebé, lo sé), digamos que es mi profesión, pero siempre tuve la idea de tener una carrera universitaria, seguir estudiando para tener una vida "normal" en el futuro, como la de cualquiera. No ha sido un camino fácil, cada vez se fue haciendo más pesado, hay responsabilidades, deberes, expectativas, objetivos, límites de tiempo y mucho estrés por ambos

lados. Además, los horarios y agendas están hechos un lío. Continuar trabajando en ambas áreas fue muy duro, pero sabía que en el futuro sería provechoso para mí de alguna manera. Honestamente, aún no encuentro grandes beneficios, pero para ser justos no he salido por completo del ámbito gimnástico, así que no puedo opinar mucho sobre la vida externa al deporte. Intenté avanzar lo más normal posible en mi trayectoria escolar, que evidentemente no fue una muy común, pero hice exámenes, tareas, proyectos, exposiciones y me presenté a un gran porcentaje de clases. También pasé por esas cuestiones inciertas sobre el futuro, descubrir qué te gusta, qué te interesa, en qué eres hábil, a qué quieres dedicarte, y así llegar en algún momento a transitar eso tan temible que llamamos "adultez".

Digamos que a los quince años debes empezar a tomar ciertas decisiones y cumplir con un par de obligaciones más que antes, pero luego llegan los diecisiete, se acercan los dieciocho y luego, ¿qué pasa? Todo aumenta exponencialmente. **Una de las primeras grandes decisiones que debemos tomar cerca de la adultez es elegir una carrera.** Hay muchas personas que desde chiquitas ya sabían qué les gustaba y se quedaron con eso, o siguieron la tradición familiar sin problemas, pero en mi caso, y creo que el de muchos, es más complicado. Siento que para elegir una profesión hace falta un tiempo de tipo *pre-college* como en Canadá, al menos así te informas, lo piensas bien y no metes la pata a la primera por no saber nada, ni qué quieres, ni cómo, ni dónde o por qué. Quiero decir, una no conoce todas las profesiones que existen y los puestos que puede haber, y eso sin pensar en que puedes trabajar en algo que no estudiaste, pero siendo tan joven e inocente no tienes ni la menor idea, sólo recuerdas las top ocho o diez carreras más comunes y crees que son tus únicas opciones, ni siquiera la imaginación da para más en una época tan llena de incógnitas. A los dieciocho esperan que una crezca y tome responsabilidades y decisiones sobre el resto de su vida... ni que fuera pokemon para evolucionar de un momento a otro y simplemente aceptar el gran cambio. ¿Qué podría estar fallando?, yo creo que múltiples factores, comenzando por precipitarnos por entrar ingenuos a la universidad y luego salir muy jóvenes sin saber nada de nada.

Ahora, en análisis terapéutico, vayamos al origen de mis decisiones profesionales. En algún momento de mi infancia, una de esas veces que te preguntan en tus tareitas del kínder qué quieres ser cuando seas grande, se me ocurrió escribir que quería ser maestra. Maestra. Yo creo que fue cuestión de ver a mi alrededor y anotar la única profesión que sabía que existía.

Ya en la primaria me dije: nunca seré maestra. Yo sólo notaba lo molesto que debía ser tratar de mantener a todos los alumnos en calma, callados y haciendo su trabajo, y tratar de explicar una y otra vez lo mismo para que entendieran los chamacos. También, como cualquier niño, tuve mi racha de querer ser veterinaria porque me gustaban los animales, pero eventualmente superé esa fase. Luego la inquietud de estudiar Medicina me vino, tal vez, porque veía mucha tele y se me hacía cool (LOL, lo peor es que no es broma), principalmente, me llamaba la atención la Medicina Forense (gracias, *Bones*); después puse mi meta muy lejana y me fijé en especialidades como cardio o neuro porque eran en verdad complejas y yo quería tener un reto diario, además de que pensaba en ello como una labor muy noble. Y si lograba sobrevivir en Medicina, podría hacer cualquier otra carrera, eso fue lo que pensé cuando ya tenía que empezar a tomar exámenes de admisión. ¿Lo ves?, mi espíritu competitivo y el deseo por ponerme metas muy altas están constantemente presentes en mis decisiones, influyen en mayor o menor medida y esta ocasión no sería la excepción.

Así fue como entré a estudiar Medicina. Y ¡oh, sorpresa! Una vez que inicié, me di cuenta de que no me encantaba (a esto me refiero con escoger una carrera sólo porque debes hacerlo en el tiempo que los demás consideran correcto, o eliges casi a ciegas confiando en la poca información que obtienes de otros y el plan de estudios que te prometen; además sólo te das cuenta de la realidad una vez que ya estás dentro). **Me bastó un semestre para quedar al borde de los nervios entre entrenamientos, exámenes diarios, pasar de alumna de dieces a alumna reprobada y me convertí en un manojo de frustración, desesperación y estrés. No tenía muchos momentos de felicidad, siendo honesta, no los suficientes.** Me di cuenta de que tampoco me apasionaba lo suficiente como para dedicar todo el esfuerzo y tiempo que requería, sentía que tenía que dar mucho más de lo que recibía. Por si fuera poco, yo sigo con la creencia de que no tenía la fortaleza emocional para seguir adelante con ese tipo de ocupación, en la que existen tantos acontecimientos trágicos. Hay más razones detrás, pero la resolución de ese corto periodo fue que la Medicina no era lo mío. No me sentía bien siguiendo ese camino así que, una vez que entendí que ser médico no era mi sueño de toda la vida, decidí pasar el semestre y finalmente decirle adiós a mi primer intento de licenciatura.

En realidad siempre tuve la idea de entrar a la universidad, mis papás me lo inculcaron y para mí lo lógico y normal era seguir estudiando, después conseguir un trabajo, y de ahí buscar una manera de desarrollarme en el área a la que me fuera a dedicar. Hoy en día, pienso que podría haber formas de vivir de la gimnasia, pero es un camino complicado y no hay ninguna garantía de que funcione por sí solo. La vida como deportista de alto rendimiento es relativamente corta, más aún siendo gimnasta, y uno debe encontrar cómo seguir con su existencia. Por eso, aunque mis padres me infundieron la idea de la carrera universitaria, estando dentro del deporte entendí su importancia. Igualmente me sirve para cambiar de ambiente y conocer otro tipo de dinámicas de trabajo y desarrollar otra clase de habilidades. Hay ocasiones en las que mientras más te especializas, el círculo de conocidos, como el del trabajo, se hace más pequeño, y puede que lo disfrutes mucho o que acabes harto de un rollo igual todos los días por quién sabe cuánto tiempo, y esto aplica en lo que sea.

Otra situación que se da es que existen ideas preconcebidas sobre ciertas carreras. Ejemplo: alguna vez me preguntaron si no me gustaría estudiar Diseño Gráfico, y lo pensé sólo un segundo y luego descarté la idea porque para mí esa carrera estaba enfocada únicamente en lo comercial y era difícil ejercer y ganar dinero, ja, ja, ja. Siendo honesta no tenía ni la menor idea

de qué más se podía hacer en esa profesión. Ahora sé que un diseñador gráfico tiene muchas opciones diferentes en las que puede enfocarse, es una carrera que se relaciona con muchas actividades, pero ¿eso lo sabe alguien de diecisiete o dieciocho? Además, cada año es diferente, pasan situaciones en el mundo que le dan la vuelta a las ideas que tuvimos toda la vida y tanto puede haber fallos al escoger una profesión, como un buen de posibilidades ocultas.

Después de ver la realidad estudiando Medicina, entré a Arquitectura. No estaba 100% segura de que fuera lo que quería, pero al menos tenía quien me asesorara y apoyara en casa si algo no entendía. Ya que llevaba un poco más de la mitad de la carrera, me di cuenta de que había muchos detalles que no me gustaban y no me veía realizando algún trabajo relacionado con nada de eso. Tal vez por esa razón hay tanta gente que en realidad no trabaja en lo que estudia o lo hace sólo porque ya le invirtieron mucho tiempo y esfuerzo y no quieren sentir que fallaron, pero creen que no hay de otra. **Probablemente la mayoría piense en las profesiones más comunes, las que creen que dan más prestigio, dinero o seguridad, o aquéllas que pare-**

cen ser más sencillas, y otros factores quedan en el olvido, como la pasión por ejercer. Hay algo más que me pasó en aquella época, siendo deportista, muchos me preguntaban que por qué no estudiaba deportes, era lo más común y sencillo. Pero yo no quiero sólo existir en el mundo deportivo, ni siquiera he pensado en convertirme en entrenadora, quiero ver otros panoramas y no permanecer encasillada en una sola área. Puede que más adelante opte por invertir la mayor parte de mi tiempo en la gimnasia, pero por ahora no es el plan. De este lado, el de la vida normal fuera del gimnasio, hay muchas responsabilidades que nos echan encima repentinamente desde muy jóvenes, sin orientación (a quienes les haya funcionado el examen de aptitudes, genial, son pocos, pero los tqm) y sin conocimiento del mundo real y sus miles de problemas.

Hoy en día hay tantos puestos específicos que es casi una obligación tomar una maestría o una especialidad para tener más oportunidades de ser esa persona única para el trabajo requerido. Mi papá (que es un verdadero apasionado de la Arquitectura) siempre me decía que si estudiaba esa carrera, aunque no me gustara todo de ella, podía dedicarme a un área que sí me llamara la atención porque tiene muchísimas ramas, hay maestrías, diplomados y especialidades en muchos

campos, investigación, trabajo en obra, en empresas, diseño creativo, etc., etc., etc. Asimismo, en la actualidad ya puedes tomar maestrías que no están directamente relacionadas con tu carrera siempre y cuando tenga algo que ver. También existe la otra parte, hay gente que de verdad ama con todo su ser cada detalle de su profesión. Hay de todo en este mundo. Hay varios aspectos que me gustan mucho de la Arquitectura, pero también hay muchos otros que no me gustan nada, sólo debo encontrar lo que en verdad me interese dentro del espectro de lo que estudié y dedicarle mi atención a eso. Cuando algo te importa y lo disfrutas, por voluntad propia te esfuerzas, investigas, inviertes tu tiempo libre en ello y aunque sea duro intentas seguir avanzando porque quieres ser mejor en lo que haces, cada vez.

Muchos de mis amigos, no sólo deportistas, tienen vidas distintas y están en una fase de descubrimiento de qué hacer y cómo. Es un proceso por el que una gran cantidad de personas pasa y sin duda yo también entro y salgo de esa situación constantemente. Pero hay ciertos aspectos en los que siento que somos muy diferentes. La gimnasia me dio la oportunidad de viajar alrededor del mundo, conocer varios países y a muchas personas, creo que eso, al día de hoy, me ha dado experiencias inolvidables y grandes aprendizajes. Con el tiempo se me hizo bastante habitual estar fuera de casa, quizás obtuve un poco de madurez gracias a eso y mi perspectiva del mundo cambió. A veces se me hace muy fácil ir de un lugar a otro, pero para otros no es tan sencillo tomar una decisión así, aunque a mí me parezca como un viaje corto, otros tienden a verlo más complicado, quieren hacer una gran organización, el mover su rutina les puede incomodar, y eso no está mal, todos somos diferentes, sólo que, como unos no se adaptan tan rápido a los cambios, yo no me adapto a hacer lo mismo siempre. Estoy acostumbrada a cierta dinámica, tener desafíos continuamente, e ir detrás de mi evolución y crecimiento personal.

Probablemente muchos piensen que "la vida adulta" se trata de buscar estabilidad y una forma de asegurar el futuro que nos queda por delante, que hay riesgos que no vale la pena tomar porque, a pesar de que la posibilidad de ascender existe, también hay lugar para el fracaso, algo que a nadie le gusta experimentar. Por el tipo de vida que he llevado con el deporte, tuve temporadas en las que iba cada mes a un lugar distinto, conocía personas, después dejaba de verlas hasta coincidir en otra competencia, volvíamos a despedirnos y así, cero permanencia. Regresando de Río tuve un cambio radical y estuve un año y medio en el que me dedicaba sólo a la escuela, sin viajes ni cambios de rutina y ahí entendí qué tanta falta me hacía, quería moverme, estaba enfadada y aburrida de lo mismo. Durante la pandemia pasé esto de un modo distinto, estuve encerrada en casa tres meses, en ese entonces me venía bien una desconexión, pero una vez que mi convicción regresó, mi intranquilidad también lo hizo. Los meses previos a Tokio estaba completamente angustiada porque no había podido salir a ninguna competencia ni campamento y los Juegos Olímpicos estaban por iniciar, mi fogueo había sido bastante pobre y yo estaba muy nerviosa con el hecho de que otros estaban teniendo mejor preparación que yo y habían visto lo que sucedía fuera de sus hogares. Con esto quiero decir que mi adultez la estoy viviendo con muchos cambios, yendo de un lado a otro, haciendo actividades distintas siempre; al final, dependiendo de las circunstancias, puedo preferir continuar con ese ritmo activo o decidir que necesito un tiempo para tomarme un descanso.

Mi existencia como adulta ha sido bastante singular, con todo lo de ser gimnasta, pero además tratando de llevar una vida más común aparte. Pienso en cómo se ha transformado la forma en la que veo a las personas y cómo incluso siento el mundo más pequeño que antes; por ejemplo, ir a un país lejano como Japón, que antes veía casi inalcanzable, en realidad no es para nada imposible. Me he habituado a tener un poco más de independencia; creo que si tuviera que existir fuera, en otro país por un tiempo, sobreviviría.

La forma en cómo me relaciono con otras personas también ha cambiado, trato de ser un poco más abierta hacia los demás y hacer amistades cuando se puede.

Me cuesta mucho socializar porque mi yo verdadero suele ser introvertido, pero lo he hecho poco a poco, me atrevo más a dar mi opinión y comunicarme con otros, ayuda mucho si hay un tema en común, si no lo hay sí me quedo en blanco. Gracias a ello he logrado conocer y hablar con muchas otras personas que son agradables, amables y cuya conversación me ha dejado aprendizajes muy positivos, desde ideas hasta la mera sensación de haber pasado un buen rato. A veces nos ponemos límites por miedo o pena, cuando no tendría que ser así. De vez en cuando se siente bien desbloquear niveles de timidez, y esto puede abrirnos puertas con el tiempo.

Conforme he ido creciendo noto cómo atesoro más las experiencias que me quedan de cada vivencia y cómo lo que hago tiene repercusiones en otros; mis sensaciones y emociones son distintas porque, al menos en este momento, comprendo mejor cómo reacciono ante ciertas situaciones, cómo las asimilo, qué

tal manejo los nervios y las técnicas mentales que he ido desarrollando. Gran parte de esto me lo ha dejado el deporte, y creo que en otro aspecto de mi vida no lo habría experimentado así porque los momentos más intensos han venido de la gimnasia. Sí que es una profesión por la inversión de horas, años, esfuerzo, pasión, metas a alcanzar, ¡todo! Y he tenido muchísimas responsabilidades y obligaciones encima, las he llevado sola y acompañada y siempre, siempre, me he tenido que hacer cargo de ellas, es algo que te pide mucho pero también puede darte grandes satisfacciones si sabes cómo aprovecharlo.

A veces puedo ser muy inquieta, por eso me gusta probar experiencias diferentes, nuevas, pienso que para mí sería un desperdicio estar siempre en la misma línea, teniendo tan poquito tiempo y un universo de posibilidades; no me veo ni encasillada en un mundo donde sólo exista el deporte ni ejerciendo por siempre la carrera que estudié, la monotonía no es lo mío. De ahí mi interés por conocer nuevos lugares, aprender idiomas, siento que eso te cambia el chip y te da una enorme apertura al mundo. Desde pequeña viví en mínimo tres círculos y pasaba de uno a otro: el de la escuela, el de los scouts y el de la gimnasia, además de mi familia; y como yo me dedico a lo mismo desde hace tanto tiempo, estar en contacto con otros entornos me ha ayudado a ver la realidad desde diversos puntos.

Ahora sí, ya poniéndonos serios, no me considero la más capaz de dar consejos sobre cómo llevar esta etapa de la vida, apenas puedo lograr mi propia super-vivencia, atravieso mis crisis existenciales como cual-quiera y tengo muchos temores, pero puedo compartir mi experiencia como alguien que ha tenido errores, fra-casos y aciertos tomando decisiones, y yo creo que todo está en probar. Siempre hay que intentar distintas al-ternativas, y si no te gusta lo que haces no pasa nada, puedes probar con algo más. Yo no creo que sea un fracaso y que ese "fracaso" sea para toda la eternidad, simplemente no te gustó o no te fue bien, hay muchas más opciones. Claro que tengo mis momentos en los que yo misma temo hacer una elección que me lleve a un resultado poco agradable y lo que más me asusta es que sea algo que no se pueda deshacer o reper-cuta de forma negativa en mi vida por un largo tiem-po. Pero si no me atrevo a dar el paso, no avanzaré.

Ojalá lo que hagas sea algo que realmente te gusta, porque le vas a invertir tiempo, esfuer-zo y dinero, que sea algo que te interese, y aunque el proce-so sea difícil, que tengas esas ansias de llegar al final y sea

satisfactorio una vez estando ahí. Yo creo que ésa es la forma en la que podemos desarrollarnos al máximo. Muchas veces los planes nos salen bien o mal porque los imaginamos de tal manera, deberíamos sólo visualizar lo que queremos que suceda y enfocarnos en lograrlo, al final cada quien tiene que buscar la forma de hacerlo funcionar y crecer. Podemos tener ideas preconcebidas y que a la mera hora ya no quedan con la realidad y no tiene caso frustrarse si no salen como esperamos, vale más la pena disfrutar el proceso y aprender de éste, estar satisfechos de haber dado todo de nosotros. Y si queremos un mejor resultado, no queda de otra que volver a levantarnos e intentarlo de nuevo.

SORRY NOT SORRY

Canciones con las que descargo el estrés y el enojo.

2:19   5:12

↻ ⏮ ⏸ ⏭ ⤨

▶ **Better Off Dead** – Sleeping with Sirens   ⋯

▶ **My Songs Know What You Did in the Dark** – Fall Out Boy   ⋯

▶ **Welcome to the Black Parade** – My Chemical Romance   ⋯

▶ **In My Blood** – Shawn Mendes   ⋯

▶ **Dull Knives** – Imagine Dragons   ⋯

▶ **Teeth** – 5 Seconds of Summer   ⋯

▶ **Miss Jackson** – Panic! At The Disco   ⋯

▶ **I'm Not Okay (I Promise)** – My Chemical Romance   ⋯

▶ **Rat a Tat** – Fall Out Boy   ⋯

▶ **Giants** – Imagine Dragons   ⋯

▶ **Very Good** – Block B   ⋯

▶ **Cutthroat** – Imagine Dragons   ⋯

▶ **Original Me** – Dan Reynolds de Imagine Dragons

▶ **Cute Without the "E"** – Taking Back Sunday   ⋯

▶ **If You Can't Hang** – Sleeping with Sirens   ⋯

▶ **Fat Lip** – Sum 41   ⋯

▶ **Liar** – Taking Back Sunday   ⋯

▶ **Teenagers** – My Chemical Romance   ⋯

▶ **I Write Sins Not Tragedies** – Panic! At The Disco   ⋯

▶ **American Beauty / American Psycho** – Fall Out Boy   ⋯

▶ **MakeDamnSure** – Taking Back Sunday   ⋯

▶ **Disculpa los malos pensamientos** – PXNDX   ⋯

▶ **Don't Threaten Me with a Good Time** – Panic! At The Disco   ⋯

▶ **Helena** – My Chemical Romance   ⋯

▶ **Zero For Conduct** – Block B, BASTARZ   ⋯

▶ **The Mighty Fall** – Fall Out Boy   ⋯

ACTIVIDAD 5:

Crecer y seguir creciendo sin morir en el intento.

De repente una llega a ese preciso momento en el que hay que empezar a hacer muchos planes porque, según la sociedad, es por el bien de tu futuro, ya sea la elección de la carrera, algún lugar dónde vivir, el trabajo, tomar o dejar algunos hobbies porque tenemos que priorizar, posponer indefinidamente viajes que soñábamos hacer... y así tantas cosas.

Okay, vale, planeemos entonces. Pero ¿y si no sale como esperamos? Por eso se necesita tener un plan B, plan C y hasta un plan D... porque, al final, no somos videntes y cualquier situación puede pasar, es parte de la vida. Conocer los malos escenarios y prever aplica en todo.

Mi sueño: vivir en el extranjero

Plan A:

Ir a otro país para entrenar en un lapso largo

Plan B:

Irme a través de un programa de aprendizaje de idiomas

Plan C:

Encontrar una beca y hacer una maestría que sea de mi interés

Mi sueño:

Plan A:

Plan B:

Plan C:

¿Y tus sueños?
¿Qué planes tienes para lograrlos?

Mi sueño:

Plan A: Plan B: Plan C:

Mi sueño:

Plan A: Plan B: Plan C:

Mi sueño:

Plan A: Plan B: Plan C:

CAPÍTULO 6

EL YIN Y EL YANG DE LA PERSONALIDAD

Todos los días, salimos al mundo a conocer y descubrir situaciones que nos gustan, emocionan, interesan, motivan y otras tantas que nos disgustan, dan miedo, sabotean y se convierten en enemigas. El carácter, la falta de confianza en una misma, la autoexigencia y demás pueden ser factores que ayudan muchísimo pero también pueden ser un impedimento; o sea, que pueden tumbarnos o levantarnos de igual manera. En mi caso, sobrepienso mucho, le doy muchas vueltas a todo, a veces el problema no es tan grande, pero yo me viajo, pienso en todas las posibilidades y todos los pasos que se tienen que tomar muy a futuro y así junto todos los obstáculos potenciales hasta hacer del problema inicial algo enorme. Es por eso que en ocasiones tengo la sensación de que restan muchas cosas por hacer, muchos pendientes y una infinidad de cuestiones por resolver, me parece que es demasiado, que no tengo la capacidad de manejarlo y temo por mi falta de habilidad y experiencia, el pánico comienza a crecer ante una bola de cosas inexistentes, así que ¿qué me sucede una vez llegado ese punto? Mi cerebro entra en modo hibernación. Lo hace al acercarse a mi nivel de estrés máximo, es un método de defensa involuntario. Pero una vez que asimilo la situación, equilibro mis pensamientos y sentimientos al respecto, trato de enfriar mi cabeza y encontrar qué paso debo tomar para sobrellevar la situación (si es que tiene solución).

La verdad es que tiendo a caer en depresión con frecuencia, casi con la misma facilidad con la que me pongo retos y pienso en cómo superarlos.

Si en repetidas ocasiones algo no me sale y tengo la impresión de que ya no hay avance, me frustro y me decepciono a mí misma. Soy buenísima dándome para abajo; si equis circunstancia se me va de las manos y creo que he fallado demasiado, pareciera que retrocedo en lugar de progresar, paso por todos los sentimientos relacionados con la tristeza, la frustración, el enojo, la impotencia, y sigo cavando un hoyo emocional por el que empiezo a caer. Supongo que a muchos les pasa. Los deportistas también llegamos a estar de malas, tristes, agotados, nefasteados; igual que las demás personas, tenemos momentos muy buenos, de gran felicidad y satisfacción, así como otros muy malos en los que empezamos a perder esperanza y motivación, y luego están aquellos en los que la dicha es inmensa porque aquel reto que parecía inalcanzable se convirtió en una realidad.

Ya había mencionado que no hay un yin sin un yang, ¿no es así? Cuando estoy en ese estado y noto que estoy teniendo problemas para superarlo por mi cuenta, me apoyo en alguien más dependiendo de lo que esté sucediendo. En ocasiones necesito que otra persona me haga ver el panorama objetivamente, que me dé una opinión distinta a la que tengo. Otras veces sólo quiero a alguien con quien pueda quejarme y desahogarme porque dejar salir todo eso que perturba mi mente me da un respiro. A veces no quiero reflexionar nada, ni mi estado de ánimo ni lo que me acaba de suceder, sólo necesito que me escuchen y punto, porque no hay respuestas o al menos no las que me gustarían.

En este planeta hay muchas personas malvadas, egoístas, que son difíciles de manejar cuando te las topas, y lo peor es que ocurre más seguido de lo que nos gustaría. Yo detesto a este tipo de gente, quienes sólo actúan de acuerdo con su propia conveniencia y no les importa si dañan y perjudican a otros porque únicamente piensan en sí mismos y en nadie más. Se requiere toda la paciencia del mundo si te molestan directo a ti, una sólo puede ignorarlos. A lo largo de mi carrera he vivido, sin remedio, varias experiencias desagradables debido al hecho de que no estaba dentro de los intereses ni conveniencia de otros que yo formara parte del equipo nacional, así que no era sencillo que me tomaran en cuenta siquiera. La única forma en la que pude salir adelante fue siendo contundente en un aparato, ser la mejor en eso, tener otra nota entre las mejores tres y no descuidar mi AA, mantenerme entre las mejores cinco, cada vez. Que de verdad se notara que mis notas eran necesarias. Era una lucha exhaustiva, romper con los prejuicios, llamar la atención, ignorar el desaliento y rechazo. El orgullo y la tenacidad se combinaron para darme un empujón y permanecer.

Tal vez el proceso es largo y pesado, pero después de haber soportado y de habernos levantado, podemos ver cómo nos hemos fortalecido en el camino y los obstáculos y límites que superamos. No parece que haya sido un trayecto tan terrible como lo visualizamos antes. No considero que valga la pena engancharse a algo malo o con los comentarios negativos de los demás, porque esos siempre van a existir; no sé qué pasa por la cabeza de esas personas, a lo mejor piensan que su mayor aporte a la humanidad es señalar los errores de los otros, o únicamente quieren descargar sus emociones nocivas porque no pueden lidiar con ellas por sí solos, o tal vez nada más quieren llamar la atención porque se sienten solos o están aburridos, no tengo idea, ellos sí se quedan enganchados opinando sobre situaciones que no les competen o ni siquiera forman parte de su universo. A ese tipo de comentarios mal intencionados hay que darles la espalda y no regalarles tiempo, mucho menos atención. Al final no saben lo que hay detrás de nosotros, todo el trabajo y el esfuerzo, todas las barreras que se han tenido que romper... sólo hay que escuchar aquello que contribuya a nuestro desarrollo y crecimiento.

A pesar de hacer caso omiso a comentarios desagradables, un elemento que dirige muchos de mis pasos es no estar 100% satisfecha conmigo y lo que hago; me disgusta no poder tener más autoconfianza, eso me limita mucho y no me deja soñar con metas más grandes y hace que cada etapa sea más complicada de lo que debería. Por otro lado, creo que ser perfeccionista no me molesta del todo, me impulsa a mejorar en cada aspecto de mi vida y a crecer. Me he dado cuenta de que no me gusta sólo cumplir, sino que, si haré algo a lo que le invertiré tiempo y esfuerzo, ese algo debe salir lo mejor posible. La perseverancia es clave, me alienta, una vez que estoy determinada no me rindo fácilmente, bajo ninguna circunstancia, y cuando el panorama se complica, intento seguir y llevarme experiencias interesantes, aunque lo que haga me dé miedo o esté fuera de los límites que conozco.

No soy muy de dar consejos, pero puedo decir esto: **si quieres obtener muy buenos resultados tienes que ser consciente de los límites que tú mismo te pones y de los objetivos en los que tienes que trabajar para llegar a una meta más grande. Debes vencerte a**

ti mismo una y otra vez, habituarte a ir más allá de lo que tú creías que era tu máximo, un poquito más cada vez. Es mi forma de pensar. Si te funciona lo que a mí, hazlo, toma lo necesario y llévalo a la práctica. Y si no, también está bien, que te sirva para generar tus propias ideas y estrategias. Si esto, que veo como una pequeña participación en la vida de los demás, tiene éxito, qué padre, se siente muy bien aportar algo.

Una se sabotea a sí misma más veces de las que se imagina, me sucede con frecuencia y casi sin darme cuenta; no es sencillo ponerle un alto a esa conducta. Creo que lo primero es darnos cuenta de lo que estamos haciendo, ver que nosotros mismos colocamos los obstáculos o que estamos evitando la solución evidente. ¿Qué por qué lo hacemos? Sabe, cada subconsciente tendrá sus razones, pero no debemos dejarnos gobernar por él. Una vez detectado este comportamiento hay que sacar la determinación y persistencia de nuestro interior para dar el siguiente paso con firmeza: crear un cambio. Muchas veces no podemos hacer esto solos, así que está bien pedir ayuda, es más, yo te aliento a que lo hagas, aunque te cueste trabajo. Acércate a alguien en quien confíes y a quien no temas tomar de la mano. Puede ser alguien cercano o un profesional.

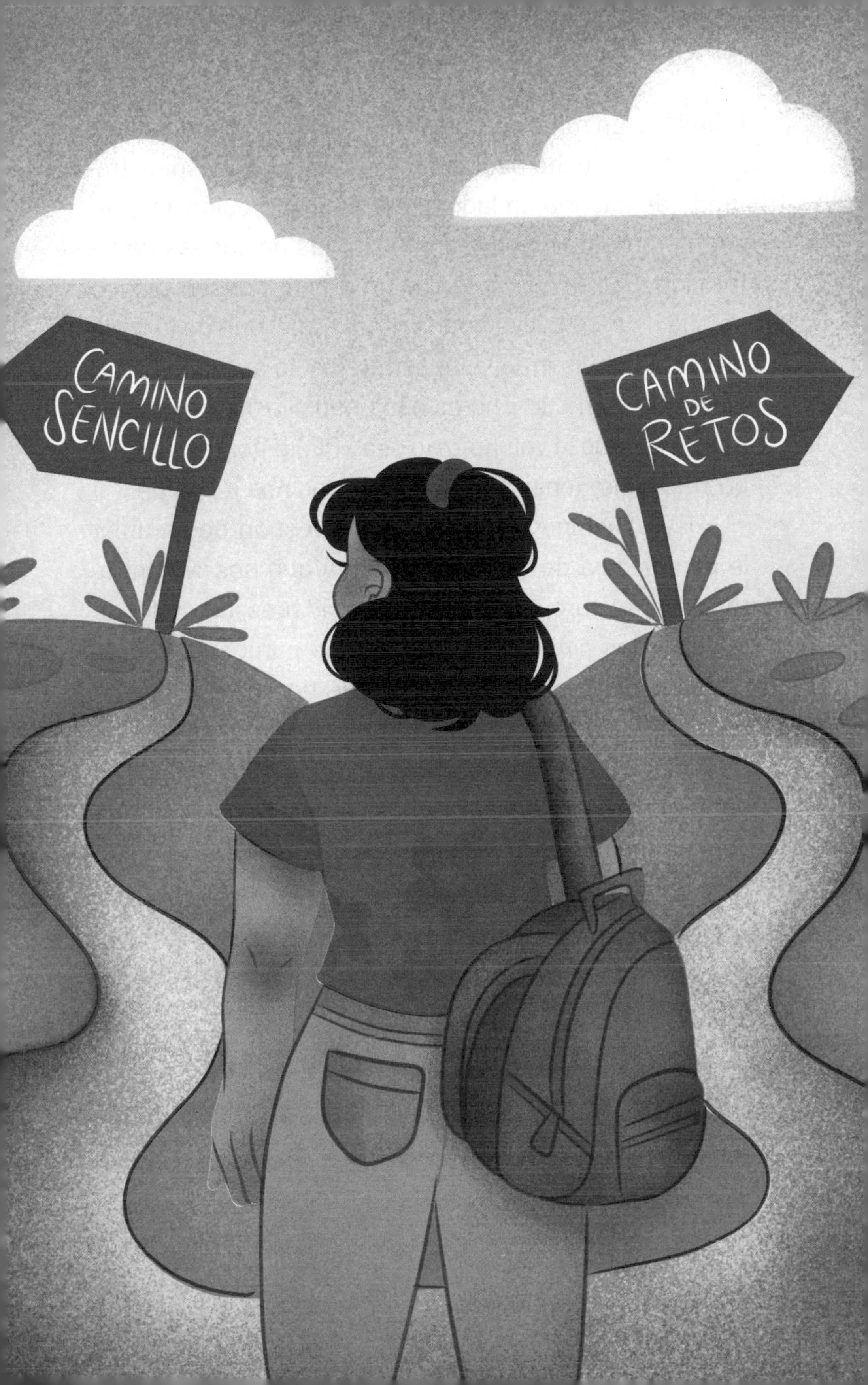
CAMINO SENCILLO
CAMINO DE RETOS

O ambos. En mi caso, que prefiero lidiar con todo sola y me cuesta mucho pedir apoyo, me tomo un respiro, tratando de hacer a un lado el estrés y la presión, intento ser meramente objetiva y analizar las acciones que he tomado. Fijo en mi cabeza mi propósito y deseo, pienso en qué de lo negativo podría motivarme, qué de lo positivo va a impulsarme; esta estrategia se aprende con el tiempo y la práctica, no es nada sencillo, habrá ocasiones en las que la voluntad no sea suficiente y es por eso que es bueno tener a alguien más que nos respalde.

Hay ocasiones en las que es cuestión de cambiar la perspectiva de la situación en la que nos encontramos, sacarle provecho a las adversidades, aprender de las distintas circunstancias que nos parecen desfavorables o fastidiosas, descubrir qué tipo de acciones y pensamientos nos ayudan a dominar dicha atmósfera. Cuando haya un incidente que se repita más de una vez sería bueno usar las experiencias previas y pensar: "Ah, esto no me funcionó así la vez pasada, mejor lo pruebo de esta manera". Es posible que no tomemos las decisiones con gran sabiduría, pero tomando en cuenta los éxitos y los errores elegiremos las que vengan con un poco más de conocimiento.

La vida es un ejercicio de dualidades: incluso las personas que más admiramos tienen al-

tas y bajas, y cada una trabaja en sus propios mecanismos de defensa para salir adelante. Lo más humano y real del mundo es ser así, tener aspectos luminosos y otros oscuros, momentos buenos y malos, y yo prefiero reconocer ambos que vivir en la fantasía de que todo está bien cuando claramente la realidad es distinta. Hay que disfrutar de los bellos momentos de felicidad que se nos presentan y experimentar los malos para poder atesorar de nuevo los que nos hacen sentir alegría. ¿Recuerdas que antes dije que mi vida se ha alimentado de varios entornos? Gracias a eso he podido ver el panorama desde diversas perspectivas, creo que mi cuadro está un poco más completo y es más sencillo que tenga balance. Si algo no sale bien en una de las partes, me puedo ayudar de otra para evitar caer hasta las profundidades de mi negatividad. Además, tengo la fortuna de que mi mecanismo de defensa venga acompañado de personas queridas dentro y fuera del gimnasio.

Cuesta mucho trabajo equilibrar el esfuerzo físico que exige el deporte con el bienestar emocional y psicológico, por eso muchos atletas tienen temporadas complicadas que pocos llegan a comprender. Me incluyo, yo también he pasado por situaciones así, generalmente provocadas por el temor de no alcanzar las expectativas que yo misma establecía. Al notar cómo el tiempo seguía corriendo y yo tenía la sensación de no estar ni cerca de donde me había visualizado, al ser difícil ver el progreso que había hecho cuando simplemente pensaba en lo que no había podido alcanzar, además de sentir que fracasaba en mi meta, no tenía la oportunidad de demostrarme que contaba con la habilidad para lograrlo y validarme a mí misma. Siempre peleando con mis sombras. Pero tengo ciertas creencias sobre quién soy que me ayudan a salir de ese bucle. Soy perseverante, necia con ganas, diligente y además muy orgullosa (aunque a esto último sí debería bajarle un poquito, sin duda es parte de quien soy hoy). Ésa es una imagen que no quiero perder, y no dejaré que nadie me la quite, ni siquiera yo misma.

Esto lo tuve muy presente durante mi preparación para mis últimos Juegos Olímpicos: yo no quería sólo ir a participar, yo buscaba competir y la oportunidad de pelear al nivel de las grandes. En los juegos de Río me sucedió algo similar. Sabía que mi nivel competitivo no me daba grandes oportunidades de soñar con una medalla. Y aunque es cierto que no hay certezas en una competencia y pueden pasar cosas inesperadas (como se pudo observar en Tokio), no me gusta que mi resultado dependa del desempeño de los demás o de la mera suerte. Una debe crear su suerte, darle material para que obre sus pequeños milagros. En esa época

mi presión aumentaba conforme se acercaba la competencia, tenía la certeza de que en ese momento no estaba en el punto en el que debía estar. Me llenaba de ese tipo de pensamientos: no vale la pena, no sé por qué estoy aquí, qué chafa, yo no quiero sólo ir sin lograr nada; lesionada y estresada, entraba en crisis a cada rato. Aprendí a dejarlo de ruido de fondo, al final mi modo automático estaba más en sintonía con mis verdaderos deseos y continuaba sin importar todo lo demás. La determinación que ejercí aquella vez que me fui a mi casa después de haber hecho mi berrinche, se mantuvo todo el camino. Aún me encuentro en la montaña rusa de mi vida, subo y bajo sin cesar, pero cada que regreso arriba lo hago con una pizca más de experiencia que se acumula lentamente y que algún día me llevara a la madurez... o mínimo eso es lo que yo espero, lol.

No poder salir del hoyo y vivir con una tormenta en la cabeza se vuelve pesado cuando comienzan las repercusiones físicas, ya no puedes dormir ni descansar a gusto; la ansiedad cansa, perjudica los entrenamientos y ooootra vez regresas

al malestar que te produce la misma ansiedad, es un ciclo vicioso muy triste, molesto e incómodo. Como ya estás totalmente convencida de que un aspecto importante no está bien, no es fácil salir de ese estado, aunque te digan y muestren evidencias de que no es tan grave o ni siquiera es un problema en el que te debas fijar. Entras en negación y ya. Pongamos el ejemplo de mis saltos para los Juegos. Entre tantos incidentes durante el año, me costaba mucho retomar mi "rutina" cada que volvía de algún descanso por lesión o enfermedad (o lo que hubiera sido). Por lo tanto, caía de rodillas, de espalda, de sentón, ponía las manos en el piso, me iba de lado, etc. Luego empezaba a caer de pie, pero la frustración y desesperación no desaparecían porque seguía terca con que no me salía como yo me veía haciéndolo en los Juegos Olímpicos, no entraba en el estándar del top mundial ni en el mío.

Sin embargo, con todo y que mentalmente era una carga muy pesada, retomando un poco el hecho de que el perfeccionismo es un arma de dos filos, una de las razones por las que pude saltar y competir como finalista olímpica fue esa misma exigencia, fijarme en el detalle, trabajar sobre mis errores, nunca confiarme ni conformarme, y hasta cierto punto creer en el proceso, en el entrenamiento y pensar que en algún momento yo ya lo había podido hacer bien, así que podría volver a hacerlo.

Practico la gimnasia desde hace tanto que he perfeccionado mis mecanismos de supervivencia para que la frustración en la vida profesional no cruce el límite y abarque los demás aspectos que tanto me gustan y me dan los mayores momentos de felicidad. Quizás ese equilibrio ha sido mi mayor aprendizaje, porque esto se va a terminar algún día, y no quiero que se lleve parte de mi bienestar psicológico y emocional.

Quiero dejar claro que para mí la gimnasia no lo es todo y tampoco es algo de otro mundo: practicarla es una friega, pero quienes lo hacemos estamos aquí en mayor o menor medida porque la disfrutamos. Tenemos la vida en el gimnasio y la vida fuera de él, que se alimenta de nuestros gustos y de cómo descubrimos el mundo. Cuando apago mi chip deportivo y me pongo en modo Alexa "normal" hago varias actividades que me gustan y con las que disfruto pasar el tiempo, como leer, dibujar o ver la tele, principalmente en la noche, ya que terminé mis deberes del día. Me encantan las series, en cualquier huequito me pongo al corriente, mientras estoy comiendo, ordenando mi cuarto, haciendo algo en la compu, a veces hasta las pongo como ruido de fondo. Gracias a mi TOC de llevar un registro de todo el material que he consumido, sea televisivo o de lectura, tengo apps para que no se me olvide qué series ya vi o en qué capítulos me quedé y si me gustaron o no. Los *webtoons* también me interesan porque los puedo leer en un ratito que tenga libre, mientras espero a que me atiendan en alguna parte o en el traslado de un lugar a otro (aplicable para los libros que me tienen enganchada, aprovecho cualquier oportunidad). Soy toda una as en encontrar tiempo para eso. Ah, pero no fueran tareas, ¿verdad?

Creo que mi lado creativo me impulsa a buscar actividades que requieran mucha imaginación y atención en el detalle. Me fascina todo lo relacionado con papelería, arte y manualidades, me entretengo mucho con ese tipo de cosas, como separadores de libros con dijes bonitos y tarjetas decoradas. El scrapbooking me encanta: tengo una colección enorme de papeles de todos colores, formas y texturas, unos con brillitos, otros mate, cientos de stickers, así puedo crear cosas, desde una hoja superbién decorada, hasta un álbum. Me agrada cocinar, pero la repostería es lo que más me llama. Me gusta hacer postres, compartirlos, intentar diversas recetas, desde quequitos con relleno, hasta pasteles decorados; no soy muy buena, pero me relaja.

También, siguiendo por la línea del razonamiento, cuando me es posible les dedico atención a los juegos de acertijos, números y misterio, o hasta los rompecabezas, puedo estar horas y horas haciendo lo mismo. (Supongo que podría decirse que es una manera de ejercitar el cerebro XD). Siempre me han gustado las matemáticas, tal vez porque los problemas numéricos eran mucho más fáciles de entender que los de comunicación, ni idea. Pero para eso no tenía que estudiar, una vez que comprendía cómo funcionaban las fórmulas no había dificultades, así que no debía invertir tiempo en aprender algo así. Era mi materia aliada. Además, la satisfacción de obtener una respuesta clara, objetiva, y que nadie te pueda poner en duda al ver el procedimiento, es lo mejor.

Otra cosa que disfruto es bailar, no soy la mejor bailarina ni tengo la disciplina de los pasos o la técnica, pero me divierte recrear coreografías; cuando una me gusta, la veo en cámara lenta y la imito hasta que me la aprendo, me superentretiene. Y lo mismo con el canto, no tengo la gran destreza, pero adoro cantar, cuando estoy contenta, cuando estoy triste, cuando estoy enojada, hasta cuando hacemos fiesta ponemos karaoke. La música está siempre muy presente. Creo que si hubiera tomado otras clases diferentes a la gimnasia habrían sido de vocalización y baile. Hmm, ahora que lo pienso, al parecer me agrada el desenvolvimiento escénico.

No muchos saben de esto, de las otras caras de la vida de un deportista. Muchos piensan que los atletas sólo viven para el deporte, pero no tiene por qué ser así. En lo personal pienso que es muy aburrido limitarse únicamente a una actividad o incluso a un solo grupo de amigos. Por eso trato de enriquecer mi existencia con múltiples pasatiempos que amplíen mi forma de percibir la vida.

DIVERSIDAD EN GUSTOS

En algunos casos incluí dos del mismo artista que tienen un ritmo muy diferente entre ellas.

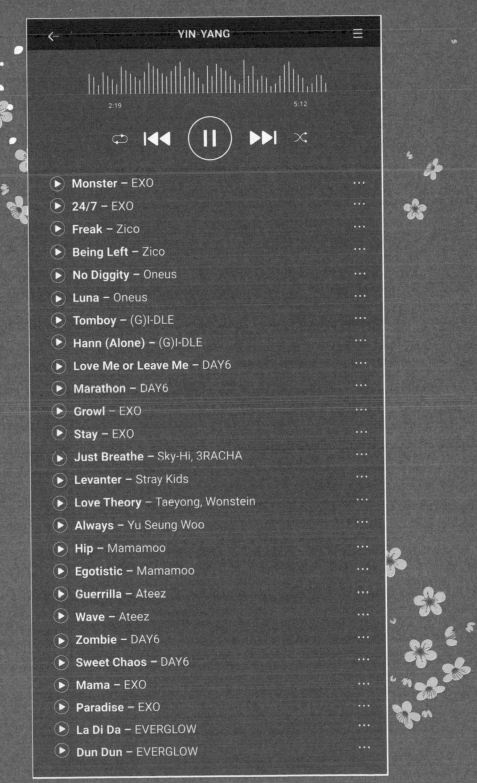

YIN-YANG

2:19   5:12

- **Monster** – EXO
- **24/7** – EXO
- **Freak** – Zico
- **Being Left** – Zico
- **No Diggity** – Oneus
- **Luna** – Oneus
- **Tomboy** – (G)I-DLE
- **Hann (Alone)** – (G)I-DLE
- **Love Me or Leave Me** – DAY6
- **Marathon** – DAY6
- **Growl** – EXO
- **Stay** – EXO
- **Just Breathe** – Sky-Hi, 3RACHA
- **Levanter** – Stray Kids
- **Love Theory** – Taeyong, Wonstein
- **Always** – Yu Seung Woo
- **Hip** – Mamamoo
- **Egotistic** – Mamamoo
- **Guerrilla** – Ateez
- **Wave** – Ateez
- **Zombie** – DAY6
- **Sweet Chaos** – DAY6
- **Mama** – EXO
- **Paradise** – EXO
- **La Di Da** – EVERGLOW
- **Dun Dun** – EVERGLOW

ACTIVIDAD 6:
Equilibremos la balanza

Todos tenemos aspectos de nuestra personalidad que no nos gustan. Es natural vivir con ellos, pero lo que no deberíamos normalizar es el malestar que nos producen. Por ejemplo, a mí no me agrada sentirme incompetente e inepta ante situaciones nuevas y desconocidas, y además agobiarme por eso, así que debo aceptar que no se puede hacer todo perfecto en el primer intento y es de humanos equivocarse.

¿Cuáles son las actitudes y conductas que poco a poco te gustaría cambiar para que esa adversidad se difumine?

¡Comienzo yo!

1. No me gusta:
Sabotearme cuando siento que soy incapaz de hacer algo.

2. ¿Qué puedo hacer para cambiarlo?
Tener paciencia y recordar que todo conlleva un proceso de aprendizaje y que es normal fallar varias veces antes de tener éxito en cualquier proyecto u objetivo.

¡Te toca!

1. No me gusta:

2. ¿Qué puedo hacer para cambiarlo?

_____

1. No me gusta:

2. ¿Qué puedo hacer para cambiarlo?

_____

1. No me gusta:

2. ¿Qué puedo hacer para cambiarlo?

_____

CAPÍTULO 7

¿ASPIRACIÓN, EXPECTACIÓN U OBLIGACIÓN?

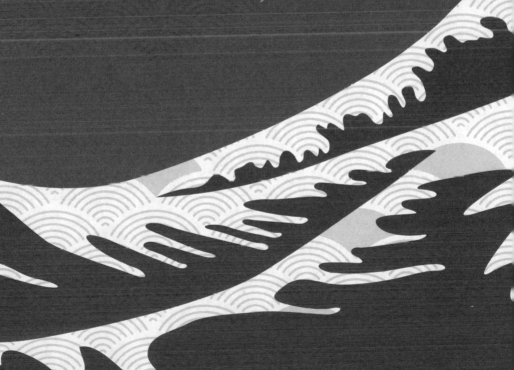

Hace tiempo tuve un encuentro curioso. En Los Ángeles me crucé con un muchacho que me preguntó si quería participar en un video para TikTok. Él llevaba rastas y ropa holgada, y me preguntó si me consideraba una persona de mente abierta. Yo le dije que sí, porque en realidad lo hago, no creo que mi mente sea tan cuadrada. Entonces, me cuestionó: "Basado en cómo estoy vestido, ¿qué tipo de música dirías que toco o canto?". Por lo que sabía de él, podría empezar a cantar en coreano o una cumbia o cualquier otro género, pero me fui por lo evidente, porque basándome en cómo se vestía, que fue su pregunta, la gente adivinaría que podría ser hip hop o reggae, una respuesta que cualquiera diría yéndose a lo obvio. Pero después se me ocurrió: "¿por qué no le contesté lo que en realidad pasó por mi mente en primer lugar?, ¿por qué decir lo que otros esperan oír de mí?". Me molesté mucho. Estaba en serio enfadada. El enojo me duró un buen rato: ¿por qué estoy acostumbrada a responder lo que la gente espera? ¡Qué decepción de mi persona que no elige sus verdaderos pensamientos por sobre los de otros!, ¿por qué les resto importancia a mis opiniones y me mantengo en la línea de la neutralidad de forma automática? Porque lo hice inconscientemente, eso es lo que más me perturbó. Con una confrontación tan chiquita como ésa me cayó el veinte de una característica de mi personalidad que no me agrada. No sé

si siempre fui de esa manera o es un rasgo que he ido modificando de tanto estar en el ojo público, pero ahora que me he dado cuenta de ello, trabajaré en ese aspecto para valorar más mi voz interior.

Esta experiencia detonó que me preguntara por qué quedé tan molesta conmigo misma. Suelo hacer mucha introspección porque quiero entenderme cada día mejor. Así que ¿cuál fue mi conclusión? Que necesitaba distraerme, ir a una tienda de K-pop y hacer muchas compras innecesarias que me hicieran feliz. Ehhh, te creas. Sí ayuda pensar en otros temas para relajar el *mood* un rato, pero no me dan la respuesta deseada. Lo que me causó disgusto fue ver cómo involuntariamente hablo de forma diplomática y digo lo que creo que es bien visto por la sociedad, ando de puntitas ante el público general, sea quien sea, por temor a entrar en conflictos innecesarios y a generar una imagen negativa que pudiera acarrear problemas para mí y aquellos que me rodean. Pero no debería ser mi *default mode*, yo debería ser capaz de discernir si es momento o no de cuidar tanto lo que digo y esperar una aceptación externa. Estoy compartiendo un poco de mi personalidad para que puedas entender un poquito mejor mi forma de ser y parte de quién soy.

No me da miedo expresar que soy insegura, que mis habili-

dades de convivencia y comunicación son deficientes y que tengo cierta ansiedad social, reconozco los aspectos de mí que me incomodan y los que me gustan, de esto estoy hecha y me agrada ser coherente con ello. Por ejemplo, cuando tengo que hablar públicamente soy correcta, no complaciente. Me gusta ser sincera y hablar de la realidad, pero no me gusta crear problemas ni meterme en trifulcas que no llegarán a nada, y también de esa manera siento que no me cierro tantas puertas.

Si pienso en opiniones y expectativas ajenas, en presión generada por otras personas, se me viene a la mente el ambiente de las Olimpiadas Nacionales. Al ser parte de Baja California, uno de los tres estados más fuertes del país, y además participar en gimnasia, que en ese tiempo era de los deportes en los que se suponía que habría más medallas, definitivamente se esperaban muy buenos resultados y había metas que cumplir impuestas por las autoridades y por el desempeño del año anterior. No debíamos bajar de nivel, se buscaba cada año mejorar un poco más. Todos los ojos estaban en nosotros y lo sabía. No había oportunidad para fallar.

Me sentía muchísimo más nerviosa en esas competencias que en las internacionales. En las Copas del Mundo o los campeonatos mundiales nadie creía mucho en nosotros. No había que rendir cuentas, ni me sentía realmente observada, por ningún lado. Era más fácil enfocarme en sólo hacer lo que tenía que hacer y ya. Fuera el resultado que fuera, no importaba mucho. Un fallo no sería demasiado trascendente y, si tenía éxito, sólo había ganancia. La única presión existente era la mía, las ganas de demostrar que podía estar compitiendo junto a aquellas gimnastas tan imponentes, que tenía la capacidad de estar al nivel, de que notaran mi existencia en esos grandes escenarios. Es gracioso que en casa siempre hay más presión que fuera de ella, pero sucede bastante seguido. Si te empieza a ir bien, puedes tener la sensación de que todo mundo espera que sigas dando buenos resultados: qué bueno que crean en una y apoyen, pero de este lado hay que poner un límite en cuanto a la manera en la que nos afectan sus expectativas o hasta qué punto las tomamos en cuenta. Lo que hacía era ver ese enorme foco que ponían sobre nuestras cabezas como una motivación, verlo como si toda esa gente estuviera animándome, ellos esperaban triunfos de mí porque creían en mí. Y así fue como aprendí a lidiar con ello.

Hablemos un poco sobre lo que viene de adentro. ¿Qué expectativas y exigencias me ponía yo sola?

Siempre quiero crecer, mejorar lo que he hecho antes, porque es lo que considero desarrollo y sólo de esa manera llegaré a donde deseo. Cuando comencé a ganar en salto en la Olimpiada Nacional me propuse pelear ese lugar año con año. No quería retroceder. Y una vez que empecé a quedar finalista mundial, pasó justo lo mismo, mi meta era quedar en las primeras ocho, independientemente del resultado de la final. Claro que conforme subes de nivel competitivo es más complejo mantener esos estándares, por eso se dice que lo más difícil no es llegar, sino mantenerse. Me esforcé por estar ahí presente cada vez, y mi objetivo final era ése, que mi presencia fuera percibida una y otra vez. Es la única manera en la que puedes ser recordada en el mundo, a pesar de la cantidad de participantes que hay y del paso de los años. Lo que vino a consecuencia de esto no era parte del plan, convertirme en figura pública y eso, el reconocimiento obviamente es bienvenido, pero no era mi visión personal.

Al final, mis expectativas fueron lo que me llevó a cumplir las de otras personas, pero fue más de rebote que intencional. A la hora de plantarme en una competencia mi pensamiento es: ya estoy aquí, sé cómo hacerlo, es momento de ponerlo en práctica; teniendo eso en mente, en las competencias en el extranjero la presión de los demás no me limita tanto porque a quien tengo que rendirle cuentas es a mí. Y lo más importante:

compito y practico mi deporte por mí, porque a mí me gusta, me divierte, porque quiero y lo disfruto, y eso es lo que en serio importa. Nadie me obliga, no es mi deber, son sólo mis sueños y metas y tengo la libertad de decidir qué hacer.

Un dato curioso es que por lo general nos compraban el boleto de regreso justo terminando el clasificatorio, sin esperanza de que pasáramos a una final y, a pesar de que en repetidas competencias lo hice, tuvieron que seguir cambiando mi regreso. **Me daba una gran satisfacción interna el hecho de enseñarles cada vez que sí estaba en posibilidades de ser parte del top mundial aunque ellos no lo creyeran.**

Recordando esto de las finales, mi primera final en una competencia con formato real FIG (Federación Internacional de Gimnasia) fue en una Copa del Mundo en Bélgica y me llevé un shock. En el resto de las competencias que había tenido en toda mi vida deportiva tenemos un calentamiento previo a pasar y competir. En el caso del salto te dan tres saltos de calentamiento en el aparato de competencia, puedes hacer lo que tú quieras, y una vez que todas han pasado, comienza la evaluación. En ésta no fue así. Podías calentar en el gimnasio anexo (uno completo muy parecido al de competencia) cuanto quisieras, pero cuando ya era la hora te pasan a saludar a los jueces y listo, empieza el evento. Yo no sabía, no tenía la menor idea de que así era en las competencias grandes, lo desconocía y tampoco me lo dijeron, así que me puse supermeganerviosa, ¿qué diablos estaba pasando? No fue mi mejor final, ja, ja, ja.

Luego me pasó lo mismo en el Mundial de Tokio 2011 porque yo creí que lo de Bélgica había sido una situación extraña que sólo era de esa competencia y ¡BAM! Pues no. Aparte yo era la primera en participar. No había entendido por qué todas pasaban y pasaban en el anexo, cansándose innecesariamente, hasta que saludamos a los jueces y todas bajaron de la tarima para dejarme sola a merced de todo. Volteé a ver a mi entrenador de ese entonces, quien también era nuevo en eso y por alguna razón no supo cómo preguntar la logística de la competencia, y me hizo cara de "ni modo, vas, te toca". No, no, no, no, ¡no! ¿Esto otra vez? ¿Cómo pude repetir el error? ¡Demonios! Estaba yo ahí parada, sola, en la tarima, sin poder hacer nada más que esperar el levantamiento de la bandera, el cambio de la pantalla a verde, mientras respiraba lo más profundo posible para tranquilizarme un poco. Sólo yo y el carrito de la cámara que no pude dejar de percibir a lo largo de la carrera mientras le daba. Y pues así me aventé mi primera final en unos World Championships... bien ahí. De que aprendí, aprendí.

Me encantaría darte la fórmula mágica para no sentir nervios y que todo salga según el plan, que el estrés y la ansiedad no lleguen a tu puerta, pero tampoco estoy muy segura de cómo llegar a ese punto. **Lo que mi experiencia me ha enseñado es que, entre más trabajo, entre más repeticiones acumuladas en distintos tipos de circunstancias te respalden, es más fácil mantener la cabeza fría y sentir seguridad en ti misma sin llegar a confiarte ante una situación tensa.**

Baja California

A veces sobreinterpretamos la vida de los demás porque nos gusta vernos reflejados en ellos, y está bien, no creo que sea negativo, pero llega el punto en el que esa idealización casi fuerza a la persona a comportarse de un modo ajeno a lo que en realidad es. Sé que las generaciones más jóvenes necesitan referentes para atreverse a tomar acción, pero podrían tenerlos y aceptarlos como son, con sus altas y bajas; los humanos no somos perfectos. Personalmente, me incomoda un poco el hecho de que me piensen siempre alegre, con autoconfianza, muy optimista y con mucha positividad y motivación para compartir, porque además esperan que promulgue esta caracterización ante otros. Ah, porque también me creen una oradora experta. Me ponen en una posición inconveniente y fastidiosa.

Cuando eres figura pública, se te exige dar una cara superfeliz y amable al mundo, te demandan atención, y no te dan mucha tregua para sentir cansancio o molestia, y si cometes algún error se te critica de forma severa; seguido me dicen "es el precio de la fama", pero la fama no es el tipo de reconocimiento que yo quería o esperaba obtener. Yo también tengo mis momentos de debilidad, irritabilidad, desesperación, y entiendo que debo saber contenerme hasta cierto punto, pero hay ocasiones en las que debemos pasar por esos procesos, necesitamos el espacio para tomar el control de nuevo, un respiro para alinear las emociones y

pensamientos y ser capaces de actuar correctamente después. A nadie le gusta sentirse mal todo el tiempo y tampoco escuchar en exceso que tiene la obligación de verle el lado bueno a la vida siempre (qué más quisiera yo), cuando la realidad te da otro panorama. Imagínate que seas la persona más alegre, entusiasta, que te supercuides y vayas por el mundo tratando de contagiar alegría, felicidad, flores y unicornios... Amigo, hasta Santa Claus tendrá sus días malos, no manches. Si ocurre una situación inesperada e incontrolable tienes derecho a dudar y no saber cómo reaccionar o qué hacer, es parte de la vida, y es parte del desarrollo de nuestra habilidad para adaptarnos y evolucionar.

Existe la idea de que si no tienes el mejor estado de ánimo, es terrible. Últimamente está muy presente la frase de "está bien no estar bien" y coincido, experimentar lo que sentimos nos hace seres humanos, es cierto que podemos darnos esa chance, sólo hay que tener cuidado de que no sea por siempre. A veces sí es necesario caer, llorar, renegar de lo que sea, pasar por ahí, levantarse, darle vuelta a la página y ya, pero no es tan fácil. Sonreír y apapacharse es bonito, pero no podemos exigirle a los demás que lo hagan si no les nace o en ese momento no tienen la fuerza o el ánimo, porque nadie más que ellos saben por lo que pasan y cómo se sienten. Incluso en instantes así hay que respetar sus decisiones y después, si lo piden, estar y apoyar.

Tampoco creo que todos deban saber si estás pasando un mal rato, no si no quieres. Habrá personas que prefieran tratar de resolver las dificultades por sí mismas, encontrar la solución dentro de ellas, evitar preocupaciones y molestias innecesarias a los demás, como yo, que no saben lidiar con la atención y buena disposición de los otros, se contienen y se guardan todo, que no saben aceptar la ayuda y... Y justo en este momento en el que lo escribo puedo ver en dónde está el error de ese razonamiento extraño. Déjate ayudar. **Si los demás están al pendiente es porque no les pareces una molestia, si están ahí dispuestos a echarte una mano es porque les importas y quieren que te sientas mejor.** Deberíamos dejar de ser tan testarudos.

Te contaré sobre un aprendizaje que conseguí hace relativamente poco, pensando en que tengo veintiocho años y esto sucedió hace unos seis años, más o menos. Yo nunca había sido fan de nada ni de nadie en particular. He tenido varias figuras a las que admiraba por sus hazañas, pero en realidad no les daba seguimiento ni investigaba al respecto. Hasta 2016, cuando decidí ir al concierto de EXO y por lo tanto quise aprender un poco más del grupo y sus integrantes, ya que se me hacía una grosería ir y no poder ni distinguir quién era quién. No tenía ni la menor idea de lo que estaba haciendo, pero me interné en un mundo completamente nuevo. Una vez que fui transformada en una fanática, ya considerada EXO-L, aprendí mucho del punto de vista de un admirador, cómo seguir a otras personas puede motivarte y darte fuerza para continuar, cómo puedes saber tantos datos de tus ídolos y el cariño que les puedes llegar a tener a pesar de no conocerlos realmente. Y en el instante en el que entendí esto, pude ponerme en los zapatos de mis propios admiradores. **Es difícil para mí comprender las razones por las que me aprecian, pero de igual forma lo hacen y yo debo comportarme como me gustaría que mis ídolos se portaran conmigo.**

Honestamente, me cuesta creérmela, sé que he dado resultados, que tengo una carrera de muchos años y que me he esforzado cada momento por mantenerla, incluso en los periodos más difíciles; sé que niñas y niños ven en mí alguna característica que les llama la atención, pero como decía un poco antes, por ese rasgo de personalidad en mí que tiende a subestimarme, no puedo aceptar por completo mis triunfos y eso a veces me impide disfrutar ese instante especial en el que me piden una foto o un autógrafo, el instante que para quien lo pide significa mucho. Trato de dar mi mejor cara del momento y de no negar muchas peticiones siempre que me es posible. Si se me acerca una niña con mucha pena, tipo yo, y me pide una foto o que le diga unas palabras que pueden ser importantes para ella, lo hago de corazón, a pesar de que no persigo las cámaras, un número de seguidores o ser famosa. Trato de ser la mejor versión pública porque tengo presente que cualquier respuesta puede impactar a los demás de alguna manera como a mí, y si no me hubiera convertido en fan no lo hubiera comprendido nunca. No soy la mejor contestando en redes sociales porque les tengo cierto recelo, ya que pueden llegar a ser muy absorbentes y he visto lo que le pueden hacer a una persona, pero mínimo sí estoy presente, procuro llevar una expresión amable. Aprovecho para pedir una disculpa si me porté grosera con alguien, intento dar lo mejor de mí, no es justificación, pero recuerden que como deportista nadie me preparó para esto y yo soy bastante mala lidiando con el estrés y la tensión. Espero llegar a ser un poco mejor en esta área algún día.

Aun así, cuando me hacen una pregunta cuya respuesta puede ser de ayuda, contesto llena de buenas intenciones. Una vez una niña me consultó cómo podía sentirse satisfecha con su competencia. Fue lo más difícil que me pudo haber cuestionado en ese instante

¡en realidad no lo sé! Yo sólo quería decirle que si algún día lo descubría, me lo contara porque esa fórmula mágica aún no la encuentro. Este tipo de interacciones que para ellas tienen valor, y para mí también, le quitan el lado solemne al deporte, lo hacen real y accesible a los niños que fuimos. En estos casos pienso mucho en lo que me diría a mí misma, una explicación que probablemente mi subconsciente no quiere aceptar. Tomo mis múltiples análisis después de tantas experiencias y contesto con cuidado. Me gusta que me hagan reflexionar y encontrar un razonamiento convincente porque espero que se me quede grabado de alguna manera en mi cabeza y salga en un momento en el que sea fundamental XD.

Ya que hemos tocado el tema del K-pop, te cuento por qué es tan significativo para mí. Yo tuve una temporada en la que me enfrentaba a la tristeza, la frustración, el enojo, la soledad, a la horrible barrera de no poder expresarme como me gustaría, la incertidumbre, la desconfianza, la autoestima baja que me cargo, y un montón de emociones negativas más que se apilaban una tras otra. Estaba bastante perdida en cuanto a lo que estaba haciendo y lo que en realidad quería hacer. Uno de esos días decidí actualizar mi lista de canciones, tarea que antes no hacía taaan seguido. Busqué más sobre los pocos artistas coreanos que tenía, descargué sus canciones, vi unos cuantos videos y encontré

la noticia del tour del que hablaba anteriormente. A raíz de eso conocí gente nueva, participé en diferentes actividades y comencé a seguir de cerca al grupo.

Ser parte de una comunidad como lo es el *fandom* me hizo tener un ligero sentido de pertenencia. Encontré un escape que se ha convertido, más que en tabla de salvación, en un refugio verdaderamente valioso. Sentí un clic especial: siempre me ha llamado la atención la gente talentosa, me gusta seguir a las personas que se esfuerzan y eso lo veía reflejado en ellos. Me hizo ver que muchas personas en el mundo se esfuerzan por dar lo mejor de sí mismas en sus propios ámbitos. Me encantaba la música, lo que descubría con el tiempo era superdiferente a lo que acostumbraba escuchar. Cómo buscan la perfección en todo lo que hacen relacionado a la industria del entretenimiento, dedican su tiempo a practicar para que sus presentaciones sean impecables, ya sea en canto o baile o ambos. Ellos no son deportistas, pero se dedican muy cañón, no dejan de practicar, viajar, dar lo mejor de sí a pesar de atravesar por un momento difícil en su vida privada. Observar eso y el crecimiento que habían tenido desde que comenzaron (la primera vez que los vi fue poco después de su debut, como en 2013) fue como ver con más claridad detalles de la carrera de alguien que antes no hubieran tenido relevancia, me inspiraron y me motivaron a continuar mi carrera que yo creí terminada. Ver la pa-

sión y felicidad que demostraban sobre el escenario se parecía a lo que yo sentía en un área de competencia. Ellos habían pasado por grandes obstáculos en su carrera y aun así pudieron continuar y lograron llegar muy alto, se convirtieron en un éxito. Ja, ja, ja, es como muy profundo para un tema que tal vez te parezca irrelevante, bobo o ridículo, pero fue un descubrimiento que en esa época me proporcionó gran consuelo.

He escuchado decir que encontramos las respuestas que buscamos en lugares inesperados, pero tal vez sea que ya sabemos las que deseamos y sólo las relacionamos con aquello que despierte nuestro interés. Y así como ésa te puedo contar varias veces en las que la música o el anime o un libro me llegaron al alma y lograron que diera un paso determinante. No importa de dónde procedan los ánimos o el incentivo, si te funcionan y te impulsan a hacer lo que necesites para alcanzar tus sueños, serán importantes y preciados.

Es divertido cómo escribir esto me ayuda a analizar quién soy, qué tipo de razonamientos tengo y por qué actúo de cierta manera. Ser parte de este mundo es fascinante. Los grupos de fans son muy organizados, me impresiona lo que mueven en redes, cómo se preparan para cada evento y las buenas obras que hacen en nombre de las celebridades que tanto valoran.

Me latió que mucha gente estuviera conectada por lo mismo, que compartiera el gusto por la música; *fangirlear* con alguien más que comprendiera a lo que me refería; el hecho de admirar a los chicos del grupo no sólo por su imagen en el escenario, sino por lo que creíamos vislumbrar detrás, su faceta de ser humano; andar de intensas en los conciertos; discutir sobre los álbumes. Incluso hubo quien pasaba por rachas parecidas a la mía y encontraba cierta simpatía distinta a la que otros te ofrecen, y así la comunidad hizo la diferencia entre seguir en la depresión ineficiente o salir del hoyo poco a poco manteniendo mi cabeza activa y generando interacción con otras personas. Es lindo pensar que para alguien yo pueda ser una figura parecida, no en la misma escala, pero similar.

TAKE IT EASY

Canciones que me ayudan a relajar mi cerebro y calman el ruido que
turba mi cabeza. Son un respiro mental.

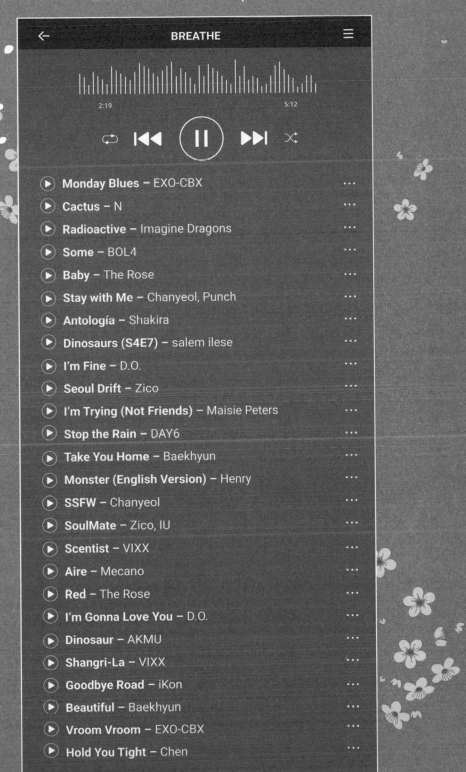

BREATHE

2:19   5:12

- Monday Blues – EXO-CBX
- Cactus – N
- Radioactive – Imagine Dragons
- Some – BOL4
- Baby – The Rose
- Stay with Me – Chanyeol, Punch
- Antología – Shakira
- Dinosaurs (S4E7) – salem ilese
- I'm Fine – D.O.
- Seoul Drift – Zico
- I'm Trying (Not Friends) – Maisie Peters
- Stop the Rain – DAY6
- Take You Home – Baekhyun
- Monster (English Version) – Henry
- SSFW – Chanyeol
- SoulMate – Zico, IU
- Scentist – VIXX
- Aire – Mecano
- Red – The Rose
- I'm Gonna Love You – D.O.
- Dinosaur – AKMU
- Shangri-La – VIXX
- Goodbye Road – iKon
- Beautiful – Baekhyun
- Vroom Vroom – EXO-CBX
- Hold You Tight – Chen

ACTIVIDAD 7:

Respiración de concentración total.

Hay un montón de hechos o situaciones que nos molestan, nos desesperan y nos hacen rabiar. ¿Podemos controlarlos?, seguramente no, a menos que dependan de nosotros (y eso casi nunca sucede). Lo que sí depende de cada quien es cómo lo toma y qué hace al respecto.

Te invito a que escribas tus estrategias para regalarte un poco de paz y tranquilidad antes de seguir con tu vida, ¿listo?

Yo no tengo estrategias específicas para cada ámbito de mi vida, más bien son generales y las aplico en esos momentos en que siento que todo se está saliendo de control, en los que el estrés comienza a desbordarse y en los que simplemente no puedo ni escuchar mis propios pensamientos de tanto ruido en mi cabeza. Comparto contigo las que me funcionan:

1. Respira. Inhala profundo, exhala todo lo que puedas y repite hasta que te tranquilices. Hay técnicas de respiración específicas para calmarse en momentos de gran ansiedad. Si pudiera, yo las acompañaría con un té mientras observo algún paisaje con plantas porque eso me relaja, lol.

2. Haz una actividad que disfrutes y mantenga tu atención enfocada en algo más. Yo opto por dibujar, aprenderme una canción, ver una serie nueva que tenga misterio o intriga, hacer alguna manualidad, armar un rompecabezas e incluso ordenar mi habitación.

3. Descarga tus emociones con un poco de ejercicio. A mí me gustan el kickboxing, la danza y correr.

4. Escribe lo que ronda por tu mente, suelta esos pensamientos que te perturban, ¡ayuda muchísimo! A veces, luego de plasmarlo en papel, las emociones aminoran y podemos ver el asunto de una forma más objetiva.

5. Huye. Sólo escapa a un lugar que te guste, que te traiga buenos recuerdos y lleve una sonrisa a tu rostro. Mis opciones son ir al monte, caminar en un cerro o acampar, asistir a un concierto o parque de diversiones o nada más pasear por una ciudad tranquila que me agrade.

¡Es tu turno!

En la escuela:

En familia:

En la vida diaria:

CAPÍTULO 8

LOS PIES EN EL PRESENTE Y UN SALTO AL FUTURO

● Ha sido un largo recorrido, un poquito más intenso de lo que me había imaginado! Nos acercamos al final, pero ten un poco más de paciencia, aún quiero compartir un par de temas. Además, cuando piensas que una aventura ha concluido, una nueva está por comenzar. Imagino que con esta plática he roto algunas ideas preconcebidas alrededor de mí, ¡y se siente muy bien! Poder expresar lo que me pasa por la cabeza, mis verdaderos pensamientos acerca de tantas situaciones sin tener que filtrar por aquí y por allá. ¿Esperabas algo así? ¿Qué tal si te cuento un poco más?

Ya había hablado sobre mi carácter fuerte, lo exigente y minuciosa que puedo llegar a ser; las altas y bajas que experimento a diario; mi gusto por lo nuevo, lo diferente y la aventura; que me encanta viajar; cómo la música influye en gran parte de mi vida; el hecho de que una rutina repetitiva me aburre, así que mantengo cierto dinamismo en mi día a día. Eso incluye mi forma de vestir, el *look* cotidiano, en donde mi cabello es parte esencial je, je, je. Desde que era pequeña pensaba en lo cool que sería tener el cabello azul, no recuerdo de dónde lo saqué, de tanto anime o de mi atracción hacia las subculturas del grunge y punk, no sé. Años después leí un libro en el que la protagonista había deseado que su color natural de cabello fuera azul y con eso quedé convencida de hacer el cambio. Fue muy progresivo, primero las puntas, luego una cortina, la mitad de abajo

del cabello... hasta que me consideré libre de restricciones y prejuicios y regresando de Juegos Olímpicos lo teñí por completo, de muchos colores.

Usualmente voy a un lugar a que decoloren el cabello y me lo pinten con degradados o de varios tonos, y ya que se me cae el color yo soy la que se pone creativa y lo pinta. He ido aprendiendo con el tiempo y cada vez pruebo una versión nueva. Para los Juegos de Tokio lo tenía rojo para que combinara con el uniforme de México y los leotardos que elegí. **Quizá jugar con el color de mi cabello es una forma de expresión, se ha convertido en parte de mi personalidad y como una cara opuesta a la manera tan estricta como hago deporte.** Además, es supercool andar con el cabello así.

Toda la vida me ha gustado salir de lo ordinario, de hecho, casi siempre le saco la vuelta a lo popular y altamente común. Me divierte y me siento cómoda expresando mi autenticidad, no tengo que cumplir ningún tipo de estándares ni estereotipos, sólo soy yo y nada más. La música es otra de mis formas favoritas de expresión, la pongo para cualquier actividad: manejar, entrenar, escribir, bañarme, dibujar; es como si mi vida tuviera un soundtrack que depende de mis estados de ánimo. Es por eso que la música de mi rutina de piso es un tema difícil de tratar, es clave para que el completo sea exitoso. Regularmente yo elijo la música para mis competencias, aunque no he tenido tantas canciones porque una vez que encuentro una que me llame, con la que me sienta cómoda y me despierte emociones de alegría y valentía, no es fácil remplazarla y encontrar otra que tenga el mismo impacto en mí. Mi primera canción fue de *La Pantera Rosa*, enseguida pasé a *Harry Potter y el prisionero de Azkaban* porque amo esa película, sí soy fan (creo que hasta el día de hoy ha sido mi favorita). Después de como seis años la tuve que cambiar porque ya chale, era demasiado tiempo, y me pusieron una versión rock de la *Quinta* de Beethoven. Luego fue una música que parecía de piratas épicos, siguieron la de *Tsubasa Chronicles* (ésa también me gustaba mucho), la versión de cuarteto de cuerdas de *Fantastic* de Henry y finalmente *Demon Slayer*, con la que competí en Tokio. Ésa fue una revelación porque di con ella apenas unos cuatro meses antes de la competencia y en cuanto la oí, supe que era la indicada y lo que había estado esperando desde hacía ya bastante tiempo.

Ahora que platiqué sobre la importancia de la música en mi vida, que abarca muchos aspectos, y mi gusto por ser versátil con los cambios de look, vamos a esas pequeñas prácticas que no se ven, pero existen y forman parte de mis costumbres en el deporte, digamos que en conjunto son un ritual. Antes de cualquier cosa, debo preparar mi playlist del momento para esos días, canciones que en esa temporada me den el punch que necesito para ignorar mis nervios por un rato, que me animen y me pongan en *mood* competitivo. Además, es como crear una burbuja aislante de cualquier factor externo que pudiera perturbar mi tranquilidad. También, antes de una competencia, siempre tengo que meterme a bañar, así siento que estoy empezando mi día, me pongo el chip de "preparativos para algo importante", y no importa que me haya bañado la noche anterior y la mañana siguiente sea el evento, vuelvo a entrar a la regadera antes de salir a competir. Otra regla que me impuse fue la de no tomar agua desde un par de horas antes porque, entre tantos brincos y ajetreo y nervios, me dan ganas de hacer pipí a cada rato y a veces en el peor momento, ja, ja, ja, y si los baños quedan muy lejos del área de competencia, tienes la incógnita de si vas a alcanzar a regresar a la hora que te toque pasar o no (igual que en un concierto justo cuando por fin quedaste en buen lugar o están por tocar la canción que más esperabas), por eso voy antes y después del rotativo y sólo le doy un par de traguitos a la botella de agua durante la compe.

Por lo general, además de mis audífonos, llevo un elemento que me recuerde a casa y a una de mis moti-

vaciones, aunque sea pequeño. No es una constante, cambio de objetos cada tanto, puede ser uno pequeño, como un llavero o una pulsera, así tengo presente el apoyo de mi familia y mi fuerza interior. Como no soy devota en el sentido estricto, le rezo al universo, dependiendo de las circunstancias. Mi mejor y única táctica para encontrar ese milagro en las competencias es respirar, concentrarme y hacerlo lo mejor posible, no hay más. Sólo confiar en la preparación y un poco en el destino y la suerte, ¿tal vez? Que pase lo que tenga que pasar.

Si piensas en los Juegos Olímpicos, seguro se te viene a la mente la imagen de los atletas en el medallero y la del desfile de inauguración, y a quién no, si es un gran acontecimiento, un sueño hecho realidad. He estado en dos Juegos Olímpicos y muchas otras competencias, pero por el tipo de disciplina que practico jamás he estado en una inauguración. Nunca. Como la gimnasia es de los primeros deportes que compiten, y al parecer es desgastante pasar tanto tiempo parada, caminando un poquito, sentada, entre miles de personas, los entrenadores consideran que lo mejor es evitar un cansancio innecesario. Así que ésa es la única parte triste de estar y a la vez no en los Juegos. Siendo honesta, estaba dispuesta a apostar un poco y escapar a la inauguración en Tokio. Al final no lo hice, pero me habría pesado muchísimo si se hubiera hecho el plan original que estaba lleno de referencias y apariciones de personajes y escenas de anime y videojuegos y si hubiese cantado un grupo conocido de Japón, como One Ok Rock o un artista asiático como Jackson Wang. Como no fue el caso, no me arrepentí mucho de no haber ido, ja, ja, ja.

Sigue tus sueños. *Sigue tus sueños... Es una frase que ha tomado fuerza conforme pasan los años.* Las ilusiones y aspiraciones son sólo nuestras y está en nosotros hacer lo que podamos por seguirlas. Yo lo intento. Y qué mejor que el hecho de que alcanzar uno de tus sueños te pueda ayudar a lograr otro. Mi gran anhelo ha sido ser medallista olímpica desde que era muy joven. Pero ahora que he descubierto tantas situaciones y personas a lo largo de mi vida, pues la imaginación tiene una capacidad de expandirse mucho más. Tiempo después de entrar al mundo del K-pop y ser parte de un club de fans, dieron inicio los Juegos Olímpicos de invierno en Pyeongchang, Corea del Sur, en el 2018, y fue muy sonado que la patinadora rusa que quedó en segundo, Evgenia Medvedeva, era EXO-L, y logró un *meet & greet* con EXO y un DVD autografiado por ellos. Enseguida pensé: "Ay, ¡yo quierooo! Bueno, si no consigo que ellos vengan a mí, yo voy a ir con una medalla olímpica para que me la firmen y se acuerden de mí". En mi cabeza tenía lógica porque, si de repente llega alguien con un objeto sorprendente, único o completamente inesperado, las personas suelen almacenar esa experiencia en su memoria debido a la impresión. Claro que estar en un pódium olímpico, ser reconocida y admirada dentro del ámbito mundial deportivo, saber que mi esfuerzo y dedicación valieron la pena sería grandioso y espectacular, una fantasía hecha realidad. Pero yo anhelo el conocer a mis ídolos, a aquellos que, sin saberlo, me han dado un gran consuelo, apoyo, alegría y motivación. Decir: "Gracias, puede que no hayan sido conscientes, pero ustedes son parte de este éxito y me enorgullece ser capaz de decírselos".

El deporte también contribuye a otras causas que no están precisamente relacionadas con la disciplina que una practica, y por fortuna he podido verlo de cerca. Hace tiempo también emergió una idea muy padre. Tenía varios leotardos que usé en competencias y no creía que volvería a usarlos, sólo estaban ahí, así que los doné a distintas causas. Por ejemplo, envié uno a una fundación que lucha contra el maltrato animal para que hicieran una rifa y recaudaran fondos para su refugio. Sucedió similar con una asociación que apoya a personas con distrofia muscular y con una casa hogar. Incluso una vez una chica me buscó porque necesitaba reunir fondos para ir a un campamento de la NASA para el que fue seleccionada, se puso las pilas con el leotardo y lo autentificó oficialmente como artículo deportivo original, lo subastó y el dinero recaudado fue muy bien empleado. Han sido varias organizaciones y personas las que se han visto beneficiadas y es bonito ver que podemos colaborar, aunque sea un poquito, a que este mundo sea un lugar mejor para otros.

Está padre ver cómo a lo que me dedico impacta en diversos sentidos. Si te haces visible por cualquier razón, puedes ayudar a los demás, aunque quizá no de primera mano, sino generando una cadena para que el apoyo se amplifique. Existen muchas problemáticas en el planeta, el cuidado del medio ambiente es una de ellas, y es verdaderamente preocupante porque mientras más veo cómo estamos dañando a la Tierra, más temo por el futuro; asimismo, el cuidado hacia las demás especies necesita más atención y contribución porque los humanos sólo somos una más de ellas, las otras merecen el mismo respeto a su existencia. Sería genial poder fomentar y respaldar la conservación de nuestro planeta de alguna manera, por más pequeña que sea.

Si alguien me pregunta sobre mis planes a futuro, la verdad es que no sé qué contestar. En estos momentos, otoño del 2022, no tengo intención de entrar en modo entrenamiento de alto rendimiento con mira a unos Juegos Olímpicos. Cero que ver. Aún quiero terminar de disfrutar mi año de descanso y hacer muchas cosas, como viajar, aprender de otros temas y estar un poco más fuera del gimnasio. No estoy lista para abandonar eso aún, es una libertad que quisiera tener por un tiempo más antes de entrar de lleno a un entrenamiento más intenso. E incluso una vez que inicie esa temporada, yo quisiera vivir lo que queda de este ciclo de una manera muy distinta a la del anterior. **La visión y perspectiva de mi disciplina han cambiado. Deseo cumplir mis pequeños pendientes que quedaron ahí, inconclusos, y**

aprender más de la gimnasia que hay en otros países. Son objetivos diferentes a los que tenía antes, no son las mismas ansias y ambiciones de estar en unos Juegos Olímpicos, y creo que no tengo necesidad de estar bajo una presión tan severa esta vez, al menos no aún. Una vez que das ese paso decisivo, no hay vuelta atrás. Es un compromiso personal que implica cambiar el ritmo. Cuando esté lista, lo tomaré. Hoy descanso, transito mi día a día de manera normal, entreno poco a poco, recupero el nivel.

Si veo a futuro, hay situaciones urgentes que entran dentro de mis planes, como conseguir mi título de una vez por todas. Otras que son necesarias y formarán parte importante de mi futuro, como seguir estudiando y que por fin pueda hacerlo en el extranjero, y muchas más que se dan en el día a día. Han salido varios proyectos, y todo el tiempo me pasan ideas nuevas por la cabeza. Me entusiasma participar en actividades novedosas o que nunca he probado, y el hecho de que esté teniendo oportunidades de hacer justamente eso sin yo tener que perseguirlas también significa que mi trabajo es visible para más personas de las que me imaginé.

Tengo un enorme proyecto en mente, es tan grande que apenas entiendo por dónde empezar y todo lo que involucra llevarlo a cabo: un gimnasio de alto

rendimiento en México. Es un proyecto ambicioso porque no sólo es edificar el gimnasio sino crear una escuela, elaborar un programa de formación enfocado en mejorar las bases y desarrollo de la técnica desde edades tempranas. ¿Cuándo lo conseguiré? Quién sabe, en varios años. Espero que al empezar tenga la habilidad de franquear los obstáculos que se presenten y la capacidad de realizar lo propuesto. Esto tuvo un origen y proviene de un problema: desde hace mucho tiempo el proyecto era algo que quería hacer porque en Mexicali, y en el país, no hay un gimnasio con las condiciones necesarias para gimnastas de alta competición. Muchos empiezan su gimnasio con esas intenciones, un área para el desarrollo de talentos, pero al final termina siendo un negocio y se concentran en las etapas iniciales y edades tempranas; el alto rendimiento no es buen negocio, demanda mucho y provee poco debido a la poca participación que hay en la actualidad. Se convierte en un ciclo vicioso, ya que sin el enfoque de generar gimnastas de nivel, al pasar de los años va decayendo la práctica de la disciplina. Pero ¿qué pasa con quienes se preparan para competencias internacionales y están buscando sobresalir en el mundo? Tienen que buscar ir a otro lugar, pero sin recursos económicos es imposible. Entrenar en un lugar con vigas viejas, botadores con resortes vencidos, barras desgastadas y con material en condiciones deplorables no es funcional y sí muy peligroso, ¿por qué tenemos que ajustarnos a eso siempre?, principalmente si pertenecemos a la Selección Nacional. Y luego esperan que demos los mismos resultados que los países a los que no les falta nada. Puede que no sea imposible, y existen atletas que logran hacerlo, pero ¿no es mejor facilitarles el camino a las generaciones jóvenes?

No se me hace justo que la vida de un deportista esté en riesgo por estos factores, cuando la disciplina en sí ya es peligrosa. Se requiere un lugar adecuado para campamentos nacionales, porque esto también ha sido un problema que se refleja en las competencias: no hay recursos para concentraciones, vamos a competir sin haber tenido el fogueo necesario, no llegamos actuando como equipo a los eventos porque cada quien anda por su cuenta, ya que no saben la dinámica de los demás integrantes y a la mera hora los resultados no son los que quisiéramos. Así es como un aspecto que ha sido ignorado constantemente ha pasado a ser un riesgo físico y de preparación. Además, en un gimnasio acondicionado y funcional podemos recibir atletas de otros lugares e impulsar el deporte como debe ser, ofreciendo a los atletas del país la oportunidad de ver y aprender herramientas que no tienen a la mano cada día. Lamentablemente es la falta de interés la que nos tiene en estas circunstancias, el egoísmo y la mediocridad que sigue latente entre los altos mandos.

Es detestable el hecho de que no les importe su propio deporte.

Los campamentos nacionales e internacionales ayudan muchísimo a los atletas porque ven la forma de trabajo de fuera, la cultura del entrenamiento, las actitudes individuales y en equipo (porque en México, honestamente, no lo hacemos bien, cada quien entrena como puede y donde vive), hay mucho potencial que desperdiciamos porque no poseemos la infraestructura ni estructura administrativa ni operativa. Cuando ves las dinámicas de los demás y tienes los elementos adecuados, el cambio es total. Algunos hemos adquirido nuestro propio equipo, como yo que tuve que recurrir a comprar con mis recursos aquél que hacía falta para mi preparación para los Juegos Olímpicos, ¿es justo?, no lo creo. No lo es porque no todas las personas tienen la posibilidad de adquirir los aparatos, yo simplemente tuve la dicha y suerte de conseguirlo. En otros países esta disciplina se estudia desde preescolar en gimnasios equipados en su totalidad, a cada rato hay competencias de alto nivel porque hay cientos de atletas, y aquí, si no llegamos a eso, por lo menos podemos poner la semillita en un buen espacio.

Con este antecedente, y por el tiempo que llevo en la gimnasia, mi preocupación ha crecido. Regresaba a Mexicali emocionada por lo que había aprendido fuera, pero desalentada porque aquí también merecemos

esas condiciones sin tener que ir tan lejos. Éste es un proyecto a mediano y largo plazo, pero que servirá para cientos de deportistas y de aquí saldrán muchos atletas de alto rendimiento, equipos que tengan la posibilidad de trabajar como debe ser, entrenadores, campamentos nacionales e internacionales, todo lo que nos hace falta y que la gimnasia se merece.

Ya que he terminado de descargar mi frustración (*sorry, not sorry*), hablaré un poco sobre eventos más actuales. Después de los últimos Juegos Olímpicos han sucedido muchas situaciones que si alguien me hubiera dicho hace varios años no habría creído. Las colaboraciones con empresas y marcas son experiencias que nunca pensé tener, pero están sucediendo y los resultados han sido muy satisfactorios. El comercial de Toyota estuvo muy bonito, me gustó cómo quedó y tuvo un gran impacto; honestamente, jamás me imaginé tener un comercial, y menos como ése. Esto ha sido un desarrollo inesperado, incluso una sorpresa, como la colaboración con Disney representando a las princesas reales. **Ahora para mí significa mucho que las niñas me vean como yo vi a otras gimnastas, que sientan que esto es real y también pueden conseguirlo.** No llegué al deporte para hacerme famosa, sino para

competir, pero éstas son puertas que se han ido abriendo y me han dado mucha exposición, también disfruto que se pueda visibilizar mi disciplina. Siento que esta exposición, si es cierto que viene con una enorme responsabilidad, también me da libertad para hacer más cosas, para alcanzar otras metas más allá del deporte, sin tantas limitaciones, para sentirme libre ahora o en unos años y procurarme una vida de la que pueda decir que no me quedé con las ganas de hacer o experimentar, una vida en la que pueda realmente elegir lo que quiero hacer y no sólo aceptar una ruta por ser mi única opción.

Este tren de pensamiento me hizo pensar en Luffy, el protagonista de *One Piece*, que quiere ser rey de los piratas porque cree que se convertirá en el hombre más libre del planeta (interesantes mis referencias, ja, ja, ja, pero me entienden). Obtener un poder supremo sin duda te abre el mundo, pero también conlleva grandes responsabilidades; lo que le dicen a Spidey es verídico. Claro que, siendo pirata, Luffy no tendría grandes obligaciones ni mucho de qué responsabilizarse, eso sí que sería fabuloso, lol. La exposición no es mala si la sabes manejar, si encuentras el lado positivo y no te alejas de lo que realmente eres ni de dónde vienes.

Si pudiera regresar en el tiempo hasta el momento en que mi yo niña jugaba a dar maromas, se colgaba y trepaba en lugares aleatorios y veía en la gimnasia una

diversión y una forma de manifestar su energía y entusiasmo, no le contaría mucho de lo que viene, puesto que le toca recorrer y vivir su propio camino, pero me gustaría que supiera que le esperan grandes experiencias, que tendrá a muchas personas para apoyarla en su camino, que a pesar de las dificultades no debe rendirse ni temer a soñar, que si disfruta y asimila cada etapa de su vida no tendrá nada de qué arrepentirse. Lo más importante es que acumule muchos momentos de felicidad y se esfuerce por seguir encontrando más. La meta final es apreciar las experiencias y personas que se nos presenten y tener constantemente sentimientos que hagan relucir nuestra sonrisa.

MOVING FORWARD

Canciones que fueron parte de la lista que hice para los Juegos Olímpicos de Tokio 2020.

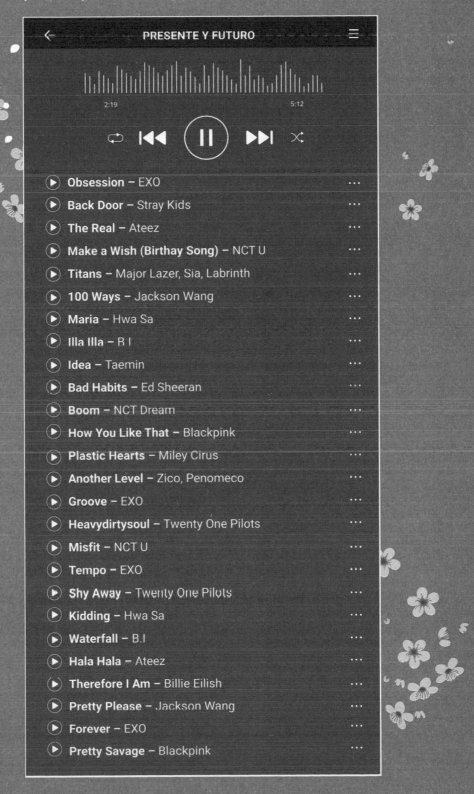

PRESENTE Y FUTURO

2:19   5:12

- ▶ **Obsession** – EXO ⋯
- ▶ **Back Door** – Stray Kids ⋯
- ▶ **The Real** – Ateez ⋯
- ▶ **Make a Wish (Birthay Song)** – NCT U ⋯
- ▶ **Titans** – Major Lazer, Sia, Labrinth ⋯
- ▶ **100 Ways** – Jackson Wang ⋯
- ▶ **Maria** – Hwa Sa ⋯
- ▶ **Illa Illa** – B.I ⋯
- ▶ **Idea** – Taemin ⋯
- ▶ **Bad Habits** – Ed Sheeran ⋯
- ▶ **Boom** – NCT Dream ⋯
- ▶ **How You Like That** – Blackpink ⋯
- ▶ **Plastic Hearts** – Miley Cirus ⋯
- ▶ **Another Level** – Zico, Penomeco ⋯
- ▶ **Groove** – EXO ⋯
- ▶ **Heavydirtysoul** – Twenty One Pilots ⋯
- ▶ **Misfit** – NCT U ⋯
- ▶ **Tempo** – EXO ⋯
- ▶ **Shy Away** – Twenty One Pilots ⋯
- ▶ **Kidding** – Hwa Sa ⋯
- ▶ **Waterfall** – B.I ⋯
- ▶ **Hala Hala** – Ateez ⋯
- ▶ **Therefore I Am** – Billie Eilish ⋯
- ▶ **Pretty Please** – Jackson Wang ⋯
- ▶ **Forever** – EXO ⋯
- ▶ **Pretty Savage** – Blackpink ⋯

My happy place

Así como yo he tenido varias fuentes de seguridad, inspiración y alegría cuando lo he necesitado, por parte de mis intereses y las personas que han aparecido en mi ruta, sé que tú también tienes actividades, personas y lugares que te hacen sonreír incluso en los momentos más complicados. Dedícales un pensamiento a cada uno, ya sea a tus mascotas, tus amigos, la música que escuchas, las actividades deportivas que practicas, tus pasatiempos, a la persona que te gusta, y te aseguro que cada vez que lo leas, esta página te recordará que se puede sonreír en los días difíciles y ser ultrafeliz en los buenos.

¡Es tu turno!

BONUS TRACK

Lo que no sabías de mí
(o tal vez intuías):

Sólo escribiré unos cuantos aspectos porque no terminaría nunca y me cuesta decidir mis favoritos de todo.

Serie:

Malcolm el de en medio, Una familia moderna, Huesos, Una serie de eventos desafortunados, La misteriosa sociedad Benedict, Lobo adolescente (mi guilty pleasure), Perdidos, CSI, La maldición de Bly Manor, Locke & Key, Supernatural.

K-drama:

Goblin, Mi amor de las estrellas, Dulce hogar, ¿Tú también eres humano?, Está bien no estar bien, Señal, El príncipe de la azotea (fue mi primer k-drama, así que tiene un lugar especial en mi corazón).

Anime:

Fullmetal Alchemist: Brotherhood, Hunter X Hunter, Sakura Card Captor, Kimetsu no Yaiba, Haikyuu!!, Jujutsu Kaisen, Fruits Basket, One Piece, 86, Boku no Hero Academia, Attack on Titan, Bungou Stray Dogs.

Manga:

Pandora Hearts, Akatsuki no Yona, Fruits Basket, One Piece, Jujutsu Kaisen, Magi, Fullmetal Alchemist, Tokyo Ghoul, Samurai X, Tsubasa.

Libro:

Harry Potter, Percy Jackson, Los juegos del hambre, The Raven Boys, El nombre del viento, Seis de cuervos, Te daría el sol, Illuminae, Yo, él y Raquel.

Color:

Azul

Canción:

Believer / Enemy – Imagine Dragons, Miroh / Thunderous – Stray Kids, Monster / Mama / The Eve / Baby You Are – EXO, Octavo día / Pies descalzos / Que vuelvas – Shakira, Stitches / Strings / Aftertaste / Roses – Shawn Mendes, Wonderwall – Oasis, Red / Baby – The Rose.

Comida:

japonesa (sushi, sukiyaki, shabu shabu), mexicana (pozole, camarones en aguachile, tostadas), coreana (kimchi, naengmyeon, samgyeopsal, yukgaejang), italiana (ravioli, ensalada capresse, pasta al pesto).

Grupo / artista:

EXO, Imagine Dragons, Stray Kids, Zico, Oneus, Ateez, The Rose, 5 Seconds of Summer, Twenty One Pilots, Fall Out Boy.

Ciudad / País:

San Diego, Los Ángeles, Japón, Corea del Sur, Canadá, Australia, Barcelona, Suiza, Brujas, Mexicali (sólo porque es mi casa y nunca dejará de serlo, ja, ja, ja), Ensenada.

Personaje:

Percy Jackson, Luffy y Zoro (One Piece), Satoru (Jujutsu Kaisen), Hinata (Haikyuu!!), Deku y Bakugo (My Hero Academia), Kyo (Fruits Basket), Sakura y Syaoran (Sakura Card Captor), Kaz Brekker (Six of Crows).

Pasatiempo:

Acampar, salir de excursión, escalar, ir a conciertos, leer, viajar, ir a parques de diversiones, cantar, escuchar música, bailar, scrapbooking, dibujar, manualidades, juegos de mesa, repostería, dormir, ver series, anime, dramas coreanos o películas.

Frase:

"Si no luchas por lo que quieres, no llores por lo que pierdes."
Boku no Hero Academia

"Ya sé lo que se siente rendirse.
Quiero ver qué sucede si no lo hago."
Boku no Hero Academia

"Para enfrentar a alguien extraordinario
no me puedo permitir ser ordinario."
One Piece

"Para ser el mejor debes aceptar el hecho de que no lo eres
y tener la voluntad de esforzarte por ser mejor
que cualquiera a quien enfrentes."
One Piece

"Perder no siempre es el final.
A veces se convierte en el principio."
Haikyuu!!

"El hecho de que sea diferente de las demás personas
probablemente terminará siendo su fortaleza."
Haikyuu!!

"Es difícil vencer a alguien que nunca se rinde."
Haikyuu!!

"El momento en el que pienses en rendirte recuerda
la razón por la que has aguantado tanto tiempo."
Fairy Tail

"El miedo es sólo tu enemigo si se lo permites."
Una llama entre cenizas de Sabaa Tahir

"Si mi vida va a significar algo, tengo que vivirla yo mismo."
Percy Jackson de Rick Riordan

ALEXA
MORENO

2003

Participación en un Primer
Campeonato Nacional.

2010

Medalla de bronce en el Campeonato
Pacific Rim en Melbourne, Australia,
en salto de caballo.

2011

Primera participación en
una final de Campeonato
del Mundo, en Tokio.

2006

Primera medalla de oro en salto de
caballo en una Olimpiada Nacional.

2012

Primera medalla en una Copa Mundial realizada en la ciudad de Gante, Bélgica. Obtuvo la presea de oro en la prueba de salto de caballo.

2016

Preolímpico de Río de Janeiro. Primer lugar all around y finalista en salto de caballo. Única mexicana en lograr calificación para representar a México en Juegos Olímpicos.

Juegos Olímpicos 2016. Lugar 31 en all around. La mejor posición lograda por una mexicana en Juegos Olímpicos en Gimnasia Artística, en Río de Janeiro, Brasil.

2015

Primera gran lesión. Se rompe la cara... literal.

2018

Medalla de oro en salto de caballo en la Copa Toyota en Tokio, Japón.

Medalla de bronce en salto de caballo en el Mundial de Gimnasia Artística en Doha, Catar.

2019

Segundo lugar en la Copa Mundial de Corea.

Tercer lugar en la Copa Mundial de Azerbaiyán.

Cuarto lugar en salto de caballo en la Copa Mundial de Gimnasia en Melbourne, Australia.

Premio Nacional al Deporte.

Quinta final Mundial consecutiva en salto de caballo en el Campeonato Mundial en Stuttgart, Alemania.

2022

Conferencista magistral en la Universidad de Harvard.

Cirugía de ambos tobillos.

2021

Cuarto lugar en los Juegos Olímpicos en Tokio.

Graduación universitaria de la carrera de Arquitectura.

Cirugía de reconstrucción del hombro.